차이나 프레임으로 보는

기초 마케팅 전략

차이나 프레임으로 보는

기초 마케팅 전략

초판 1쇄 인쇄　2011년 01월 11일
초판 1쇄 발행　2011년 01월 18일

지은이 | 석진욱
펴낸이 | 손형국
펴낸곳 | (주)에세이퍼블리싱
출판등록 | 2004. 12. 1(제315-2008-022호)
주소 | 서울특별시 강서구 방화3동 316-3 한국계량계측회관 102호
홈페이지 | www.book.co.kr
전화번호 | (02)3159-9638~40
팩스 | (02)3159-9637

ISBN 978-89-6023-528-1　13320

차이나 프레임으로 보는

기초 마케팅 전략

| 에세이 작가총서 358 | 석진욱 지음

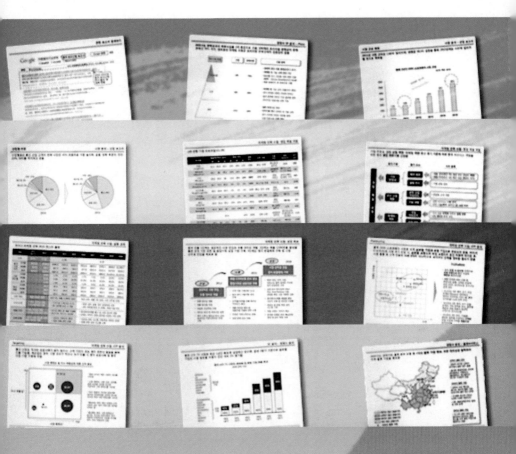

감사의 글

본서가 나오기까지는 오픈타이드 차이나 (OpenTide China)에서의 값진 프로젝트 경험과 동료들의 연구 결과에 많은 도움을 받았음을 밝혀둡니다. 특히 Cosima Wang 팀장과 Tian Bo, Jason Sun, Chris Wang, Sophia Zhang, Joyce Chung, 장명준 컨설턴트, 그리고 임종욱 그룹장께 감사드립니다. 또한 여러모로 본인을 지도 편달해 주신 오픈타이드 차이나의 남용식 박사와 이예선 대표님께 감사의 뜻을 표합니다.

본인의 글을 한 권의 책이 되도록 다듬어 주시고 멋있게 꾸며 주신 ㈜에세이퍼블리싱의 편집부 여러분들께 지면을 빌려 감사의 말을 전합니다.

책 출간의 기쁨을 사랑하는 아내 영미와 민주, 민영, 민겸과 함께 나누고 싶습니다. 또한 저희 부부를 낳으시고 길러 주신 양가 부모님께 감사와 존경의 마음을 전해 드립니다.

때를 따라 모든 것을 아름답게 만드시는 하나님께 감사와 영광을 드립니다.
"He has made everything beautiful in his time." (Ecclesiastes 3:11)

2011년 1월
석진욱

中國 사업 실무자들을 위한 전략 지침서

잘 아시겠지만 중국은 960만 평방킬로미터의 넓은 국토와 13억 명 이상의 인구를 보유하고 있습니다. 이와 같이 넓은 면적과 많은 인구를 관리하기 위해 국가는 총 33개의 권역(4개 직할시, 5개 자치구, 22개 성, 2개 특별자치구)으로 구분되어 관리되고 있습니다. 또한 한족(漢族)을 포함해 56개의 서로 다른 민족이 한 나라의 우산 아래 함께 공동체를 이루고 살고 있습니다. 숫자가 보여주듯이 우리가 생각하는 것 이상으로 대단한 다양성을 지닌 국가입니다.

그래서인지, 어느 지역이나 어느 한 사람, 또는 기업을 놓고 "中國은 이래! 中國 사람은 이렇지. 혹은 中國 기업은 이렇게 한대~" 등의 판단을 내리거나 평가를 하는 데에는 많은 어려움이 있습니다. 본인도 중국에서 약 15년의 업무 및 사업 경험을 갖고 있지만, 해가 갈수록 점점 더 중국이라는 국가를 한마디로 정의 내리기가 어려워지고, 다양한 문화나 민족, 습관, 음식 등에 대해서도 쉽게 평가 내리기가 두려워지기까지 합니다.

그렇다고 해서 전 세계의 화두가 이미 되었고, 향후 20년 안에는 미국을 능가하는 경제 대국으로 자리잡을 '中國'을 무시하거나 비껴갈 수만은 없는 노릇입니다. 이럴수록 정공법으로 중국을 알아 나가는 것이 필요하지 않을까 싶습니다.

중국에 대해 많은 선입견 혹은 잘못된 판단을 내리는 근본적인 배경에는 사실(Fact)을 제대로 알지 못하고, 가설(~일 것이야)만으로, 혹은 남의 말(~카더라)만 가지고 의사결정을 하기 때문입니다. 많은 기업이나(심지어 한국에서 몇 손가락 안에 들어 가는 대기업들조차도) 개인이 기회의 땅, 중국에서 한번 해 보겠다고 나와서도 기본적인 사실 확인에 집착하지 않는 것은 매우 안타까운 현실입니다.

　본인의 경험이나 주위 여러 전문가 집단의 의견을 종합해 보면, 중국에서 성공적으로 사업을 시작하기 위해서는 시장, 소비자, 기업에 대해서만큼은 아주 철저하게 연구해야 한다는 것입니다. 또한, 이런 과정을 통해 확보된 객관적인 사실과 정보를 기반으로 의사결정을 내려야 합니다. 이런 측면에서 3C(Customer, Competitor, Company)의 틀(Framework)을 가지고 중국을 정확하게 보고 이해하자는 책이 나왔다는 것은 중국전문가의 한 사람으로서 굉장히 환영할만하고 많은 의미를 두고 싶습니다.

　객관적인 사실을 바탕으로 도출 된 안목과 식견은 기업이나 개인 모두에게 중장기 미래전략 수립을 지원하고, 현재 부족한 것이 무엇이고, 이를 어떻게 극복하게 할 것인지를 계획하는 데 많은 도움을 줄 것입니다. 물론 전문가가 아닌 입장에서 전문적인 조사방법을 적용하거나, 다양한 논리로 가설을 검증해 나가는 과정은 쉽지만은 않을 것입니다. 하지만, 스스로 문제를 정의 내리고 이를 효과적으로 풀어 나가기 위해 어떤 사실이나 정보를 수집할 것인가를 고민하는 과정에서는 충분한 도움을 받을 수 있을 것이라 생각됩니다.

　중국 사업에 관여하시는 모든 실무자 여러분께 아무쪼록 좋은 지침서로서 역할을 다하기를 바라겠습니다.

이예선

오픈타이드 차이나 대표

머리말

―――――

역사는 반복된다는 말이 있습니다. 1,300여 년 전 중국 '당나라'는 실크로드(Silk Road)를 통해 전 세계와 교역하며 태평성세를 누렸습니다. 당시 '신라'라는 이름으로 존재했던 우리나라는 당나라로부터 문화적 · 경제적 영향을 가장 많이 받던 인접 국가였습니다.

그때 당나라의 외국 유학생 중 신라 유학생 비율이 40% 정도였다고 합니다. 그런데 흥미롭게도 21세기에 들어서서 중국에 유학하고 있는 외국 유학생 중에 한국 유학생의 비율이 40% 수준을 유지하고 있습니다. 이는 중국 당나라에서 공부하던 신라 유학생과 비슷한 비율입니다.

21세기는 바야흐로 '중국 전성 시대'인 것 같습니다. 좋든 싫든 중국을 빼놓고서는 세계 경제를 이야기할 수 없으며, 무엇보다도 앞으로 최소한 20년은 중국 경제가 전성기(全盛期)를 누리지 않을까 생각됩니다. 이러한 중국의 부상은 한국 경제의 미래를 위해 '기회'임이 분명합니다. 그러나 '중국'이라는 '기회'만 보고 나가다가는 십중팔구 실패하는 것이 오늘날 비즈니스의 현실이기도 합니다.

《글로벌 비즈니스 마인드세트》의 저자인 시몽 뷔로(Simon Bureau)는 글로벌 비즈니스의 관점에서 한국 기업을 보면, 기술력은 매우 뛰어난 반면, 해외 마케팅은 매우 취약하다고 말합니다. 해외 시장에 진출할 때는 한국적인 요소를 배제하고 새로운 시장을 독립적으로 접근해서 분석할 수 있어야 하는데, 실제로 그렇지 못해 해외 시장에서 실패하는 한국 기업의 사례가 많다는 것입니다.

2005년부터 2010년까지 삼성그룹의 중국 본사 사장을 역임한 박근희 사장은 "중국에 대해 섣불리 아는 것보다는 차라리 아예 모르는 것이 낫다"라고 합니다. 이는 중국이 점차 글로벌 강국으로 부상함에 따라 이제는 '중국을 제대로 알고 배워야 하는 시대'가 되었다는 의미입니다. 또한 중국을 대충 알고 비즈니스를 준비하는 것은 실패를 자초하는 일임을 충고하는 말이기도 합니다.

고대 중국의 전략가 손자(孫子)는 "지피지기 백전불태"(知彼知己百戰不殆), 즉 "상대를 알고 나를 알면, 백 번 싸워도 위태롭지 않다"고 했습니다. 이를 비즈니스의 관점으로 바꿔 말하자면, 시장과 고객, 경쟁사를 제대로 알고 나서 자사의 전략을 수립하면, 백 번 투자해도 위험하지 않다고 할 수 있습니다. 이를 위해서는 전략적으로 생각할 수 있는 '프레임'(frame)이 필요하며, 또한 새로운 시장을 '볼 수 있는 눈'이 필요합니다.

본서는 마케팅 전략의 가장 기초적인 개념과 프레임을 활용해서 새로운 시장을 보는 눈과 전략적으로 사고할 수 있는 틀(frame)을 알기 쉽게 보여주는 데 그 목적이 있습니다. 이에 더하여 세계의 소비 시장인 중국에서 각축하고 있는 글로벌 선진 기업들의 사례와 중국 비즈니스의 특성을 양념 재료로 삼아 만들었습니다.

아무쪼록 21세기 중국이 전성기를 누리는 시대에 우리 기업인들과 장차 글로벌 비즈니스 피플 (business people)을 꿈꾸는 청년과 학생들에게 '사고의 틀'을 제시할 수 있고, 중국 비즈니스에 대한 이해를 높일 수 있다면 더할 나위 없이 보람을 느낄 것입니다.

CONTENTS

세 번째 이야기
Company – 자사의 마케팅 전략 수립하기

차이나 프레임으로 보는

기초 마케팅 전략

3C 프레임으로
생각하기

1장

3C 분석 서론

마케팅 전략의 가장 기본적인 분석 도구 중 하나가 3C 분석입니다. 3C는 고객(Customer), 경쟁사(Competitor), 자사(Company)를 의미하는 말로 이 세 가지가 비즈니스를 움직이는 주체라고 할 수 있습니다. 전쟁으로 하자면 아군과 적군이 될 것이고, 스포츠로 하자면 관중과 상대편, 우리편이 될 것입니다. 따라서 비즈니스를 영위하는 산업과 시장이 어디냐에 따라, 또한 제품과 서비스의 특징에 따라 3C의 내용도 바뀌고, 각 비즈니스 주체의 중요성도 달라지게 됩니다.

그러므로 중국 비즈니스를 추진할 때 먼저 한국과 중국 현지의 차이점을 신속히 파악하는 것이 중요합니다. 이는 한국의 비즈니스 상대와 중국 현지의 비즈니스 상대가 완전히 다르기 때문입니다. 만일 이러한 차이점을 충분히 숙지하지 못하고 '중국'이라는 '기회'만 보고 진출했다가는 십중팔구 낭패를 당하기 십상입니다.

차이나 마케팅 전략의 실효성 여부도 현지 비즈니스 상대라 할 수 있는 고객과 유통채널, 경쟁사의 정보를 얼마나 효과적으로 수집하는가에 달려 있다고 해도 과언이 아닙니다. 그 후에야 무엇을 해야 하는지, 누가 하고, 어떻게 할 것인지에 대한 구체적인 과제를 도출할 수 있고, 또한 전략을 세워 사업을 추진해 나갈 수 있을 것입니다.

3C 프레임워크(framework)는 하나의 '생각하는 틀'과 '보는 눈'을 갖도록 도와줍니다. 중국 비즈니스에 대해 많은 자료를 접하고, 현지 파트너 기업과 미팅을 하고, 고객을 만나게 되면서 차츰 아는 것이 늘어나고 생각도 많아지게 됩니다. 그런데 스스로 '사고할 수 있는 틀'을 갖지 못하면, 시간이 지나고 정보가 늘어나도 비즈니스 역량은 이에 비례하여 강화되지 않습니다. 상식은 늘어나고 말할 거리는 많아지지만, 사업 기술이나 통찰력은 큰 진보가 없게 되는 것이지요.

그러므로 '사고할 수 있는 틀', 즉 중국 비즈니스를 볼 수 있는 프레임(frame)이 중요합니다. 많은 정보와 여러 상황에 직면하여 스스로 질문할 수 있고, 수집된 정보를 '프레임'에 따라 분석할 수 있고, 이를 활용하여 전략적으로 생각할 수 있어야 합니다. 그렇게 한다면, 중국 현지 비즈니스의 경험과 지식이 늘어감에 따라 사업 역량도 이에 비례하여 증대될 것입니다.

::: **1.1** 마케팅 전략의 3C 프레임 들여다보기

3C 프레임워크의 기본 개념은 비즈니스 상대라 할 수 있는 고객과 경쟁사를 제대로 이해하는 것입니다. 그 다음에 이러한 정보에 기초하여 자사의 마케팅 전략을 세우고 실행 과제를 도출하는 것입니다.

비즈니스는 혼자 하는 것이 아니기 때문에 상대를 알아야 합니다. 자사의 경쟁력은 무엇이고, 시장에서 성공하기 위해서는 무엇이 필요한 지를 알아야 합니다. 〈그림 1-1〉은 이러한 개념을 보여주고 있습니다. 3C의 두 가지 비즈니스 주체인 고객(Customer)과 경쟁사(Competitor)를 분석함으로써 자사(Company)의 전략적 방향을 설정한다는 개념입니다.

고객(Customer)은 고객과 고객을 둘러싸고 있는 시장을 모두 포함하는 개념으로, '시장과 고객'을 의미합니다. 비즈니스를 수행하는 곳이 중국이고, 중국시장은 우리 사업과 관련해서 전체 시장의 크기가 어느 정도 되는지, 또 시장은 얼마나 빨리 성장하고 있는지를 이해하는 것입니다. 또한 고객은 어떻게 구성되어 있고, 고객들은 제품을 어떤 경로를 통해 구매하며, 구매할 때 중요하게 고려하는 요인이 무엇인지 이해하는 것입니다.

경쟁사(Competitor)는 중국시장에서 '자사와 유사한 사업을 하는 경쟁업체'입니다. 이들은 자사보다 일찍 중국시장에 진출한 외국 기업일 수도 있고, 중국 현지에 기반을 두고 성장한 토종 기업일 수도 있습니다.

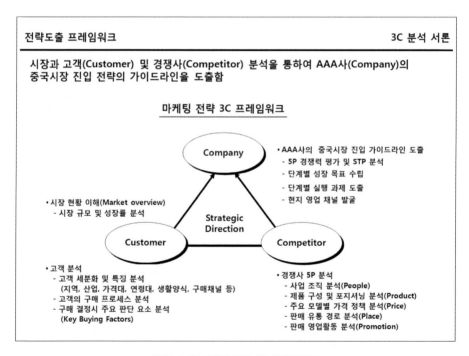

〈그림 1-1〉 마케팅 전략 3C 프레임워크

경쟁 기업 분석을 통해 이들의 시장 접근 방법과 전략, 영업 및 판매 채널(channel) 같은 중요한 정보를 얻을 수 있습니다. 또한 자사가 어떻게 사업을 추진해야 할지, 어떤 부분에 집중해야 할지 등 여러 면에서 많은 참고가 될 수 있습니다.

마지막으로 자사(Company)는 바로 '나 자신의 기업' 입니다. 고객을 이해하였고, 경쟁사가 어떻게 사업하는지 알았으니 "이제 내가 어떻게 할 것인가"를 결정하는 단계입니다.

사업을 추진하다 보면 여러 가지 좋은 아이디어가 끊임없이 떠오르게 됩니다. 해야 할 일도 산더미처럼 많이 쌓이게 됩니다. 그런데 여기서 중요한 것이 하나 있습니다. 그것은 이와 같은 아이디어나 추진 과제를 체계적으로 실행하고 업데이트(update)할 수 있도록 '문서화'(documentation)하는 작업입니다.

또한 사업 추진 과정에서 새롭게 더 많은 정보를 알게 됩니다. 중국시장은 빠르게 변화하는 특성이 있기 때문에 사업 환경 상의 변화가 있을 수도 있습니다. 그러면 새롭게 추가된 정보나 사업 환경의 변화에 따라 자사의 전략과 실행 계획을 보완하고 지속적으로 업데이트해야 합니다.

이와 같이 지속적이고 체계적인 접근 방법과 프로세스가 있어야 전략적으로 생각할 수 있고, 장기적으로 지속 가능한 사업 모델을 만들어 갈 수 있습니다. 이를 위해 필요한 것이 바로 '생각하는 틀', 곧 '비즈니스 프레임' 이고, 또한 이는 '문서화' 작업의 뒷받침을 통해 실제 비즈니스에서 십분 활용될 수 있습니다.

그러면, 이제 〈그림 1-2〉와 같이 3C 프레임에 따라 수행 과제를 도출해보도록 하겠습니다.

먼저 고객(Customer) 분석 단계에서는 다음와 같은 4개의 수행 과제를 도출할 수 있습니다.

- 과제 1. 시장 분석(Market overview) : 시장 규모와 향후 5년간 시장 성장률, 경쟁사 현황 등
- 과제 2. 고객 세분화(Segmentation) : 시장 및 고객 세분화 분석
- 과제 3. 구매 프로세스(Buying process) : 고객의 제품 구매 프로세스 분석
- 과제 4. 핵심 구매 요소(Key buying factors) : 제품 구매 시 고객이 중요하게 생각하는 요인

경쟁사(Competitor) 분석 단계에서는 보통 마케팅 믹스(marketing mix)라 부르는 '4P'와 이에 더하여 사업 조직(People)을 분석합니다.

- 과제 5. 경쟁사 조직(C_People): 경쟁사의 사업 조직도 분석
- 과제 6. 경쟁사 제품(C_Product): 경쟁사의 주요 제품 및 포지셔닝
- 과제 7. 경쟁사 가격(C_Price): 경쟁사의 가격 정책 및 제품 모델별 가격
- 과제 8. 경쟁사 유통 채널(C_Place): 경쟁사의 판매 유통 채널 (Place는 '장소'라는 의미로, 여기서는 판매 채널을 의미함)
- 과제 9. 경쟁사 판매 활동(C_Promotion): 경쟁사의 주요 판매 활동 형태와 방식

마지막으로 자사(Company) 마케팅 전략 수립 단계에서는 비즈니스마다 다양한 수행 과제가 있을 것입니다. 본 프로젝트에서는 다음과 같은 3개의 수행 과제를 도출하였습니다.

- 과제 10. 5P 경쟁력 및 STP 분석: 주요 경쟁사 대비 마케팅 5P 경쟁력 평가, 중국시장에서 자사의 목표(Target) 고객 및 제품 포지셔닝(Positioning)
- 과제 11. 성장 목표 및 실행 과제(Objectives and Tasks): 시장 진입 후 단계별 성장 목표 및 실행 과제, 한 장(1 page)의 마스터 플랜(master plan) 작성
- 과제 12. 영업 채널 개발(Channel Development): 현지 영업 파트너 발굴을 위한 현지 기업 평가 및 개발 프로세스

조사 단계별 수행 과제   3C 분석 서론

마케팅 전략의 3C 프레임워크를 통해 각 영역별로 도출된 주요 과제를 수행, 프로젝트는
시장 및 고객 분석→ 경쟁사 분석→ AAA사의 전략 가이드라인 도출 순으로 진행함

3C	Customer	Competitor	Company
목적	시장 현황 파악 고객 세분화 및 고객 특징 이해	경쟁사 현황 파악 주요 경쟁사의 5P 분석	자사의 마케팅 전략 수립
수행 과제	**Task 1. Market overview** • OOO 제품의 중국시장 규모와 향후 5년간 성장률은 어떠한가? **Task 2. Segmentation** • 시장은 어떻게 세분되어 있는가? **Task 3. Buying process** • 고객은 어떤 경로를 통해 제품을 구매하는가? **Task 4. Key buying factors** • 고객이 제품을 구매할 때 어떤 요인에 의해 결정하는가?	**Task 5. C_People** • 주요 경쟁사의 사업 조직은 어떻게 구성되어 있는가? **Task 6. C_Product** • 주요 제품의 구성 및 포지셔닝은? **Task 7. C_Pricing** • 경쟁사의 가격 정책 및 제품 모델별 시장 판매 가격은? **Task 8. C_Place** • 판매 유통채널은 어떠한가? **Task 9. C_ Promotion** • 경쟁사의 주요 판매 활동은?	**Task 10. 5P and STP analysis** • 주요 경쟁사 대비 마케팅 4P와 조직(People) 경쟁력 평가 • 자사의 중국 시장 고객 세분화 및 목표 고객 설정 • 시장 진입 후 제품 포지셔닝 전략 도출 **Task 11. Objectives and Tasks** • 시장 진입 후 연도별 성장 목표 및 단계별 실행 과제 도출 • 1 페이지 마스터 플랜 작성 **Task 12. Channel Development** • 현지 파트너 발굴을 위한 현지 기업 평가 및 개발 프로세스

DO NOT DISTRIBUTE   Proprietary and Confidential

〈그림 1-2〉 3C 분석의 조사 단계별 수행 과제

위와 같은 수행 과제를 도출한 후, 실제로 현지 조사를 진행하고 마케팅 전략을 수립하게 되면 일반적으로 한 개의 과제마다 1페이지에서 3페이지 정도 결과물이 나옵니다.

만일 계획을 세우는 단계에서 현지 시장이나 비즈니스에 대한 정보가 많지 않은 경우에는 실제 조사 과정과 전략 수립 단계에서 수행 과제를 변경하게 되는 경우도 있습니다. 본 수행 과제에 대한 실제 사례는 다음 2장부터 21장까지 순서대로 볼 수 있습니다.

차이나 프레임으로 보는

기초 마케팅 전략

첫 번째 이야기

Customer-
고객과 시장 이해하기

2 장

시장 분석 서론

　중국에 처음 진출하거나 중국시장에 새로운 제품을 런칭(launching)하는 경우, 제일 먼저 시장의 전반적인 상황이 어떠한지 살펴보게 됩니다. 한국에서는 이런 정보를 수집하는 것이 크게 어렵지 않겠지만, 언어도 다르고 사람이나 문화도 낯선 중국시장에서는 기본적인 정보조차도 쉽게 구할 수 없는 경우가 많습니다.

　이와 같이 시장의 전반적인 상황을 분석하는 경우, 일반적으로 시장 조사 기관에서 발간한 '산업 보고서'를 활용하여 분석하는 경우가 많습니다.

　그러나 '산업 보고서'를 활용할 수 없는 경우도 있는데, 이런 경우에는 인터넷 검색을 통해 수집한 정보를 활용해 기본적인 시장 상황을 분석해볼 수 있습니다.

::: 2.1 산업 보고서 활용하기

::: 1 단계-키워드 검색을 통해 관련 보고서 찾기

　만일 '산업 보고서'를 활용하여 시장 상황을 분석하고자 한다면, 먼저 적절한 보고서 목록을 검색해보아야 합니다. 이러한 경우 만일 별도로 가지고 있는 보고서 목록이 없다

면, 검색엔진 키워드 검색을 통해 쉽게 해당 분야의 관련 보고서를 알아볼 수 있습니다.

그러면 중국 '외식산업'을 예로 들어 산업 보고서를 한 번 찾아보겠습니다. '외식산업'은 '饮食服务行业', '餐饮产业' 등으로 번역될 수 있는데, google.cn이나 baidu.com으로 검색해보면 대부분의 관련 산업 보고서가 검색됩니다.

〈그림 2-1〉은 '中国餐饮行业报告(중국 외식산업 보고서)'라는 키워드로 google.cn에서 검색한 결과입니다. 검색 결과로 다양한 관련 자료가 나오는데, 제일 상단에 검색된 보고서 제목을 보면 "2010~2015년 중국 외식산업 투자 분석 및 예측 전망"이라고 되어 있습니다. 그러면 이 보고서의 내용을 좀 더 구체적으로 알아보기 위해 해당 보고서를 클릭(click)하여 추가적인 정보를 살펴보도록 하겠습니다.

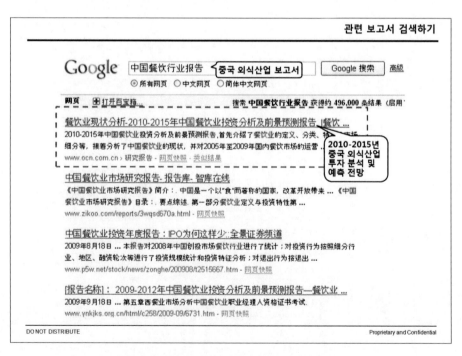

〈그림 2-1〉 '중국 외식산업 보고서'의 구글 검색 결과

관련 보고서를 찾게 되면, 우선적으로 해당 보고서의 목차를 확인해보아야 합니다. 일
반적으로 시장 조사 기관에서 산업 보고서를 발간하는 경우, 보고서 목차와 보고서에 수
록된 도표와 그림 목록은 공개되어 있습니다.

그러면 〈그림 2-1〉의 검색된 결과에서 제일 상단에 위치한 "2010~2015년 중국 외식
산업 투자 분석 및 예측 전망"이라는 보고서를 클릭하여 해당 보고서의 목차를 확인해보
도록 하겠습니다.

〈그림 2-2〉 검색된 보고서의 8 장과 11 장 목차–주요 도시별 시장 분석

〈그림 2-2〉는 해당 보고서의 목차 중에서 8장과 11장의 내용을 캡처(capture)한 것입니다. 본 보고서의 목차를 보면, 베이징(8장), 상하이(9장), 광저우(10장) 등 3대 도시의 외식산업을 각각 별도로 분석하고 있습니다. 또한 11장에서는 선전, 동관, 우한, 청두 등 주요 대도시의 외식산업 현황을 추가로 분석하고 있습니다.

보고서 8장의 베이징외식산업 내용을 좀 더 살펴보면 다음과 같습니다.

- 8.1 베이징 외식산업의 전반적인 개요
- 8.2 2009 ~ 2010년 베이징 외식산업 현황
- 8.3 베이징 외식산업의 마케팅 분석
- 8.4 베이징 '청두샤오츠' 현상의 경제 분석
- 8.5 베이징 외식산업의 당면 과제 및 대책

다음으로 〈그림 2-3〉은 해당 보고서의12장과 13장의 내용입니다.

먼저 12장에서는 외국계 외식 프랜차이즈 기업을 분석하고 있습니다. 외국계 프랜차이즈 기업의 목록을 보면, 제일 먼저 KFC와 피자헛을 운영하고 있는 Baisheng그룹이 나오고, 다음으로 맥도널드, 파파존스 등의 기업에 관해 분석한 자료가 나옵니다.

보고서 13장은 중국 국내 외식 프랜차이즈 기업들을 분석하고 있습니다. 제일 먼저 일본식 라면 체인점인 AISEN그룹에 관한 기업 분석 자료가 나옵니다. 그 다음으로 중국식 샤브샤브 전문점인 Little Sheep과 상하이 기업인 Jinjiang, 시안 기업인 Xian Catering 등의 기업을 분석한 자료가 나오고 있습니다.

조사 목적에 적합한 산업 보고서를 찾았다면, 이를 구입하게 됩니다. 일반적으로 중국 국내 시장 조사 기관에서 발간한 산업 보고서는 구입 가격대가 6,000위안에서 15,000위안 (약 100~250만 원) 정도 됩니다. 보고서의 영문판이 있는 경우, 영문판의 가격은 중문판 가격에 비해 두 배 이상 비싸며, 이는 보고서 분량이 많을수록 더 비싸집니다.

한편 외국계 시장 조사 기관에서 발간한 산업 보고서는 중국 국내 시장 조사 기관의 보고서보다 구입 가격대가 두세 배 정도 높습니다.

〈그림 2-4〉를 보면, "2010~2015년 중국 외식산업 투자 분석 및 예측 전망 보고서"의

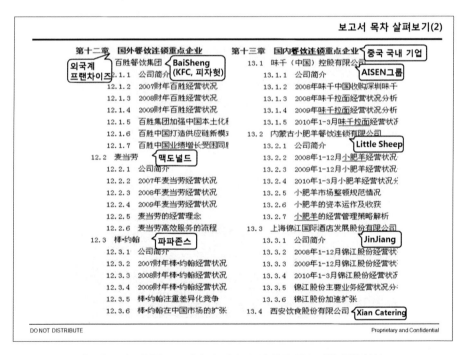

〈그림 2-3〉 검색된 보고서의 12 장과 13 장 목차-주요 기업 현황 분석

인쇄판 가격은 7,600위안(약 130만 원), 전자파일은 8,100위안, 인쇄판과 전자파일을 모두 구매할 경우는 8,600위안으로 책정되어 있습니다.

한편 영문판의 가격은 인쇄판이 4,800달러(약 550만 원)로, 중문판에 비해 네 배 정도 높게 책정되어 있습니다. 아마도 691페이지라는 보고서 분량 때문에 번역 비용이 많이 든 것 같습니다.

시장 조사 기관의 산업 보고서를 목차만 보고 구매해서 실제 내용을 보면, 기대했던 것만큼 유용한 정보가 없는 경우가 많습니다. 왜냐하면 중국시장에서 마케팅 전략 수립에 필요한 대부분의 핵심 정보는 특정 조사 목적에 맞춰 설계된 소비자 소자, 심층 인터뷰(in-depth interview) 등과 같이 현장을 직접 발로 뛰며 조사하는 방식을 통해 얻을

산업 보고서 구입하기

2010-2015年中国餐饮业投资分析及前景预测报告

2010-2015년 중국 외식산업 투자 분석 및 예측 전망 보고서

中国投资咨询网 www.ocn.com.cn

【收藏此页】【大 中 小】【打印】【关闭】

报告名称： 2010-2015年中国餐饮业投资分析及前景预测报告(共五卷)
关 键 词： 餐饮业发展分析 餐饮行业现状分析 餐饮市场发展前景
出品单位： 中投顾问　　中投顾问的实力如何？
出版日期： 2010年6月 (**2010년 6월 출판**)
交付方式： 特快专递
报告页码： 691页
报告字数： 61.4万字
图表数量： 152个

중문판 : 인쇄본 7600 위안, 전자파일 8100 위안, 인쇄본+전자파일 8600 위안
영문판 : 인쇄본 4800 달러, 전자파일 4800 달러, 인쇄본+전자파일 4900 달러

中文版价格： 印刷版：RMB 7600 电子版：RMB 8100 印刷版+电子版：RMB 8600
英文版价格： 印刷版：USD 4800 电子版：USD 4800 印刷版+电子版：USD 4900
定购电话： 0755 - 82571522 82571566 82571599
值班电话： 138 0270 8576 （周一至周六18：00以后，周日及法定节假日全天）

网上订购>>

DO NOT DISTRIBUTE　　Proprietary and Confidential

〈그림 2-4〉 산업 보고서 구매 관련 정보

수 있기 때문입니다. 본 프로젝트의 5장에서 15장까지의 대부분 정보는 심층 인터뷰와 같은 현장 조사를 통해 수집한 자료를 바탕으로 작성된 것입니다.

그럼에도 불구하고, 시장 조사 기관의 산업 보고서는 그 자체만으로 유용한 가치가 있습니다. 산업 보고서는 해당 산업의 시장 규모, 연평균 성장률, 주요 기업의 시장점유율, 시장 성장 전망 등과 같이 시장 분석을 위한 객관적인 데이터를 제공해주고 있기 때문입니다. 따라서 마케팅 전략 수립을 위해 자사의 성장 목표를 설정할 때는 이러한 산업 보고서의 시장 규모와 성장 예측 데이터를 활용하게 됩니다.

또한 중국시장 진출을 준비하는 초기 단계에서는 시장 조사 기관의 산업 보고서를 통해 짧은 시간에 비교적 간단한 방법으로 대략적인 시장 상황을 파악을 할 수 있다는 장점이 있습니다. 시장 조사 기관의 산업 보고서를 활용하여 실제 중국시장을 분석한 사례는 3장에서 살펴볼 수 있습니다.

::: 2.2 인터넷 검색 자료 활용하기

경우에 따라서는 시장 조사 기관에서 발간한 적합한 산업 보고서가 없어 이를 활용할 수 없는 경우가 있습니다. 이러한 경우 인터넷 검색을 통해 수집한 정보를 종합하여 대략적으로 시장이 어떻게 형성되어 있는지 분석해볼 수 있습니다.

하지만 인터넷 검색을 통해 수집할 수 있는 공개된 자료는 기간이 오래 지난 데이터인 경우가 많으며, 해당 산업이나 시장, 제품에 직접적으로 연관된 구체적인 정보가 많지 않다는 문제가 있습니다. 또한 인터넷 검색을 통해 자료를 수집하고 상호 비교 분석하는 과정은 시간이 많이 소요된다는 단점도 있습니다.

'인터넷 검색'을 통해 수집한 정보를 바탕으로 중국시장을 분석한 사례는 4장에서 살펴볼 수 있습니다.

3 장

시장 분석(1): 산업 보고서 활용

이번 장에서는 시장 조사 기관에서 발간한 산업 보고서를 활용하여 마케팅 전략 수립의 도입 부분이라 할 수 있는 '시장 분석' 부분을 작성해보도록 하겠습니다.

중국 투자를 통해 중국 내수 시장에 진출하고자 하는 기업은 적어도 5년 정도는 앞을 내다보고 사업을 준비해야 합니다. 당장에 성과가 있는 것처럼 보이거나 아니면 성과가 없는 것 같다고 해서 일희일비(一喜一悲) 하면, 장기적으로 중국 사업에 성공하기 어렵습니다.

최소 5년의 경영 계획에 대한 밑그림은 그려놓고, 매년, 매 분기, 매월 어떤 과제를 추진할 것인지에 대한 실행 계획을 세워야 합니다. 또한 실제 사업 추진 과정에서 얻은 피드백을 가지고 다시 다음 달, 다음 분기 그리고 차기 연도 계획을 수정 보완해 나간다면, 중국 비즈니스는 점차적으로 탄력을 받게 될 것입니다.

::: **3.1** 시장 전망을 통한 판매 목표 세우기

'시장 분석'에서 제일 먼저 보는 것은 일반적으로 시장의 크기와 성장률입니다. 중국의 산업 보고서는 대부분 5년 기간의 시장 규모 예측치와 연평균 성장률을 제공합니다.

따라서 이러한 향후 5년간의 시장 전망은 중기 사업 계획의 기본 데이터로 활용할 수 있습니다.

"우리 회사가 중국에 투자하면 5년 후에는 얼마 정도의 매출을 기대할 수 있는가?"는 가장 기본적이면서도 중요한 질문입니다. 이것이 전제가 되어야 투자 결정에서부터 경영 계획에 이르기까지 일련의 의사결정을 내릴 수 있기 때문입니다.

〈그림 3-1〉을 보면, 'OOO소프트웨어의 2015년 중국시장 규모'는 4.8억 달러 정도로 전망됩니다. 따라서 한국의 K라는 업체가 중국에서 성공적으로 사업을 추진하게 되어 5년 후 5%의 시장을 점유할 수 있게 된다면, 약 2,500만 달러의 매출을 기대할 수 있

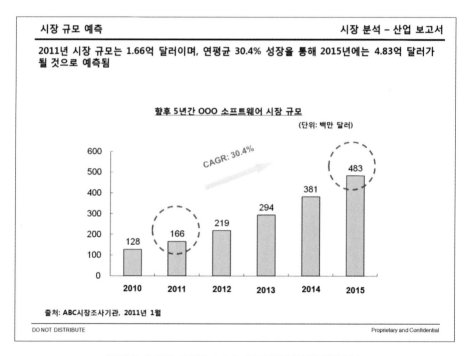

〈그림 3-1〉 향후 5 년간 OOO 소프트웨어의 중국시장 규모

는 것입니다.

그렇다면 K사는 2,500만 달러의 매출을 목표로 설정하고, 앞으로 중국시장에 어느 정도 투자할 것인가를 결정할 수 있을 것입니다. 또한 단계별 투자 규모에 따라 연도별 인력 계획과 마케팅 비용, 운영관리비 등의 경영 계획을 세워볼 수 있을 것입니다.

∷ 3.2 세분화된 시장 들여다보기

시장 규모가 판매 목표를 설정하는 데 필요한 데이터라면, 세분화된 시장은 구체적인 마케팅 계획을 세우는 데 필요한 기본 정보입니다. 시장을 세분화하는 방법은 제품이나 서비스의 특성에 따라 다양한데, 일반적으로 산업, 지역, 연령, 소득수준, 라이프스타일, 구매 경로 등으로 구분할 수 있습니다. 〈그림 3-2〉는 그중에서 산업별로 시장을 세분화한 것입니다.

〈그림 3-2〉의 자료를 보면, 중국시장에서는 ○○○소프트웨어가 통신 산업의 기업들로부터 가장 많이 구매되고 있음을 알 수 있습니다. 즉, 통신 산업이 가장 큰 고객 그룹인 것입니다. 그런데 만일 K라는 한국 기업이 한국에서는 통신 분야에서 성공사례나 축적된 노하우가 많지 않다면 중국 진출 시 어떻게 해야 할까요?

이러한 경우, 우선적으로 고려할 수 있는 것은 중국 로컬 기업 중에서 통신 산업에 많은 고객을 보유하고 있는 업체와 파트너십(partnership)을 체결하는 것입니다. 그러나 만일 파트너십 체결이 용이하지 않다면, 중국에서 통신 산업의 고객은 K사의 목표 (target) 시장에서 제외되어야 하며 이에 따라 매출 목표도 재조정해야 할 것입니다.

반면, 한국에서는 제조업 기업들의 정보화 수준이 높아서 K사는 제조업 방면에 많은 성공사례와 노하우를 가지고 있다고 한다면, 이는 중국 진출 시 어떻게 활용할 수 있을까요?

〈그림 3-2〉를 보면, 현재 중국에서는 제조업 분야의 정보화 수준이 낮아서 시장 규모가 작다는 것을 알 수 있습니다. 하지만 중국 진출 초기 단계에서는 매출 규모보다 더 중요한 것이 성공적으로 중국 시장에 연착륙(soft-landing)하는 것입니다. 따라서 K사는 한국에서 경험과 노하우가 많은 제조업 분야에서 성공사례를 구축하고 이를 통해 우선적으로 제품 현지화를 추진할 수 있습니다.

또한, 향후 중국 제조업의 정보화 투자가 많아져서 제조업 고객의 시장 규모가 빠르게 성장할 것으로 예상된다면, K사는 중장기적으로 제조업 고객을 목표 시장으로 보고 선행(先行) 투자를 할 수 있을 것입니다.

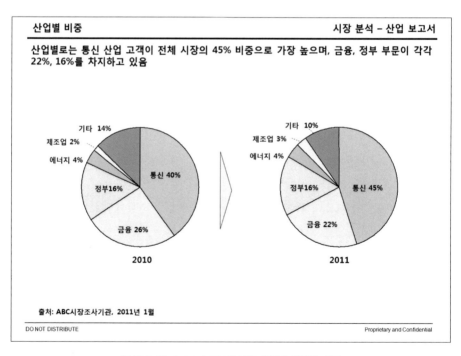

〈그림 3-2〉 ○○○소프트웨어의 산업별 세분화 시장

::: 3.3 경쟁사 살펴보기

대부분의 산업 보고서에는 시장에서 활동하는 주요 기업들의 기본 정보와 시장점유율 데이터가 있습니다. 이들은 중국 진출을 준비하는 K사의 경쟁 상대가 되는 셈이지요.

한국과 달리 중국시장의 경쟁 구도는 적게는 5개, 많게는 10개 이상의 기업들이 의미 있는 시장점유율을 기록하며 경쟁하는 경우가 많습니다. 또한 많은 경우, 글로벌 기업과 로컬 기업이 각각의 장점을 살려 함께 경쟁하고 있습니다.

따라서 중국 진출을 계획하는 한국 기업은 글로벌 기업과 로컬 기업 사이에서 어느 위치에 포지셔닝(positioning)할지 자사의 강점을 우선적으로 분석해보아야 합니다.

〈그림 3-3〉을 보면, 중국의 'ㅇㅇㅇ소프트웨어 시장'에서는 글로벌B사가 하드웨어 장비를 생산하고 있는 장점과 기존 하드웨어 제품의 고객기반을 통해 22.8%의 가장 높은 시장점유율을 기록하고 있습니다. 또한 글로벌A사는 중국에 진출한 지 5년 만에 빠르게 성장하여 현재 5.9%의 시장점유율을 기록하고 있습니다.

중국 로컬 기업의 경우, 글로벌 기업의 기술 파트너 및 유통 총판 사업으로 시작하여 현재는 자체적으로도 제품을 개발하여 판매하는 기업들이 있습니다. 이들 기업은 아마도 제품 및 기술 요구 수준이 높은 프리미엄 고객에게는 글로벌 제품을 판매하고, 가격에 민감하고 기술 요구 수준이 높지 않는 일반 고객에게는 자체 개발 제품을 판매하고 있는 것으로 보입니다.

산업 보고서에서 제공하는 이러한 간단한 경쟁 구도를 통해 K사는 본격적인 경쟁사 분석 단계에서 어떤 기업을 집중해서 볼지, 어떤 부분을 구체적으로 분석해야 할지를 생각해볼 수 있습니다.

만일 중국시장 진출을 처음 준비하는 K사의 중국 사업 담당자라면, 글로벌B사나 글로벌C사와 같이 잘 알려진 글로벌 IT 기업보다는 중국에 진출한 지 5년 정도 되는 글로벌

A사를 좀 더 자세히 분석해볼 필요가 있을 것입니다. 왜냐하면 글로벌A사가 중국시장에 진출해서 초기 5년간 어떤 형태로 성장했는지를 분석해서 이들의 핵심 성공 요인을 벤치마킹(benchmarking)해볼 수 있기 때문입니다. 또한 경쟁사의 조직, 제품, 유통 등 각 분야별로 분석한 정보는 K사의 중장기 전략을 수립하는 데 유용한 참고 자료로 활용할 수 있습니다.

중국 로컬 기업들에 대해서는 이들이 글로벌 기업과 협력하는 방식과 고객 기반, 유통 채널 등을 파악해볼 수 있을 것입니다. 이를 통해 향후 K사가 중국시장에 진출할 때, 중국 로컬 기업과 어떠한 형태의 파트너십(partnership)을 구축할 것인지 사전에 검토해볼 수 있습니다.

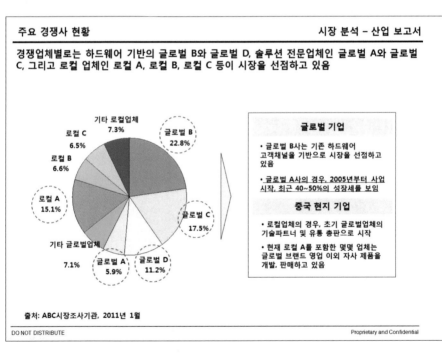

〈그림 3-3〉 ○○○소프트웨어 시장의 경쟁사 현황

4장

시장 분석(2): 인터넷 검색 자료 활용

3장에서는 시장 조사 기관에서 발간한 산업 보고서를 활용하여 중국시장을 분석해보았습니다. 이와 같은 방법이 차이나 마케팅 전략을 수립하는 일반적인 정석이지만, 경우에 따라서는 적합한 산업 보고서가 없거나 또는 비용을 지불하고 산업 보고서를 구입할만큼 필요성이 높지 않을 수 있습니다.

이런 경우는 인터넷 검색을 통해 관련 자료를 수집하여 간단하게나마 해당 시장 상황을 분석해볼 수 있습니다.

::: **4.1** 시장 현황 파악하기

〈그림 4-1〉은 '헤어 미용 제품'의 중국시장 현황에 관해 인터넷 검색을 통해 수집한 자료를 바탕으로 작성한 시장 현황 분석 사례입니다.

우선 '일반 현황'과 '중국 30대 도시 경제권 분포'는 헤어 미용 제품에 국한된 것이 아니고, 전체적인 중국 소비 시장에 관한 자료입니다.

먼저 '일반 현황'을 보면, 중국의 공식적인 인구 수는 13.3억 명이며, 지난 30년간 연평균 10% 이상의 경제 성장을 지속해 왔다는 것을 알 수 있습니다. 따라서 중국의 인구 수와 경제 성장률을 고려해볼 때, 일반 소비재 중의 하나인 헤어 미용 제품의 경우 동일하게 시장 잠재력이 매우 크다는 것을 간접적으로 알 수 있습니다.

다음으로 '중국 30대 도시 경제권 분포'는 중국의 상위 30대 도시가 지리적으로 어떤 지역에 많이 위치해 있으며, 중국의 3대 경제권인 환발해 경제권, 장강 삼각주, 주강 삼각주 등에 각각 얼마나 분포되어 있는가를 보여주고 있습니다.

외국계 기업이 중국 내수 시장에 진입하는 경우 일반적으로 베이징, 상하이, 광저우와 같은 주요 대도시를 진출 초기의 시장 거점으로 삼아 사업을 전개해 나갑니다. 왜냐하면

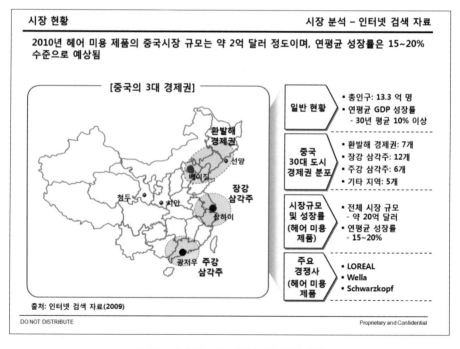

〈그림 4-1〉 헤어 미용 제품의 중국시장 현황

중국 시장은 광활하고 분산되어 있어서 처음부터 모든 지역을 동시에 개발할 수 없기 때문입니다.

따라서 중국의 3대 경제권과 상위 30대 도시가 중국 대륙에 어떤 형태로 분포되어 있는가 하는 자료는 중국시장 진출 초기에 시장 개척의 거점을 어디로 삼을 것인가를 결정하는 데 유용한 참고 자료가 될 수 있습니다.

'시장 규모 및 성장률'과 '경쟁사 현황'은 헤어 미용 제품에 직접적으로 해당되는 정보입니다. 이 부분에 대해서는 인터넷 검색에 공개된 자료가 제한적이어서 아주 간단한 정보만 수집되어 있음을 알 수 있습니다.

우선 헤어 미용 제품의 '시장 규모 및 성장률'을 보면, 중국시장의 전체 규모가 약 20억 달러이며, 매년 15~20% 정도 성장하고 있다는 것을 알 수 있습니다.

또한 중국시장에 이미 진출하여 활동하고 있는 '주요 경쟁사'로는 로레알(LOREAL), P&G가 인수한 웰라(Wella), 독일계 기업인 슈바르츠코프(Schwarzkopf) 등의 회사가 있습니다.

∷∷ 4.2 마케팅 컨셉트 작성하기

〈그림 4-2〉는 헤어 미용 제품의 중국시장 개발을 위해 마케팅 컨셉트(concept)을 간단하게 작성한 사례입니다.

먼저 왼쪽 그래프를 보면, 베이징의 가격대별 미용실(hair shop) 분포가 나와 있습니다. 이는 헤어 미용 제품의 주요 고객인 미용실을 헤어컷(hair-cut) 가격 기준으로 세분화한 것입니다. 베이징의 전체 미용실 수는 61,050개이며, 이 중에서 헤어컷 가격이 7달러 이상인 미용실은 대략 1,050개 정도임을 알 수 있습니다.

〈그림 4-2〉의 오른쪽 도표는 외국계 기업인 A사가 중국시장 준비 단계에서 참고할
수 있는 기본적인 마케팅 컨셉트입니다.

먼저 '시장 세분화(Segmentation)'는 왼쪽의 그래프에서 볼 수 있는 것처럼 미용실
의 헤어컷 가격을 기준으로 세분화되었습니다. 인터넷 검색 정보의 한계로 인해 베이징
의 자료만 있기 때문에 다른 도시의 경우 인구 수와 도시별 소득 수준을 참고하여 대략
적으로 추정해볼 수 있을 것입니다.

다음으로 A사는 6만여 개의 베이징 미용실 중에서 헤어컷 가격대가 7달러 이상인 미
용실을 목표(target) 고객으로 선정하였습니다. 따라서 베이징의 경우, 헤어컷 가격대가

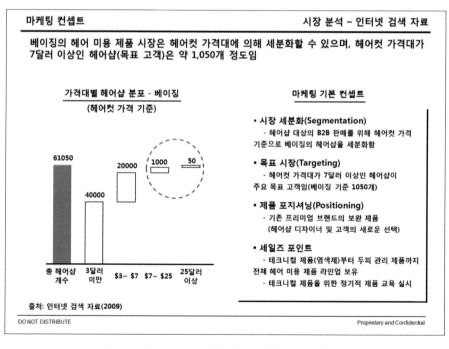

〈그림 4-2〉 헤어 미용 제품의 중국 마케팅 기본 컨셉트

7달러 이상인 1,050개의 미용실이 A사의 목표 고객임을 알 수 있습니다.

A사가 중국시장에 출시하고자 하는 제품은 미용실에서 사용하는 염색제와 샴푸, 린스, 두피 영양제 같은 헤어 미용 제품입니다. 그런데 이미 로레알(LOREAL)이나 웰라(Wella), 슈바르츠코프(Schwarzkopf) 같은 프리미엄 제품이 시장에 진출해서 입지를 확보해놓은 상태입니다.

따라서 A사는 제품 포지셔닝(Positioning)의 개념을 '기존 프리미엄 시장을 점유하고 있는 외국계 제품과 동등하면서 선택의 폭을 넓혀주는 새로운 제품'으로 설정하였습니다. 이를 통해 고급 미용실이 한두 가지 기존 프리미엄 제품 외에 새로운 선택의 다양성을 가질 수 있게 한다는 이점을 강조하고 있습니다.

마지막으로 A사의 세일즈 포인트(sales points)는 '높은 사용 기술이 필요한 고급 염색제부터 기초 헤어 미용 제품까지 모든 제품 라인업(line-up)을 제공'하며, 이에 더하여 '정기적인 기술 세미나를 통해 헤어 디자이너들을 밀착 지원'한다는 컨셉트(concept)입니다.

이상에서 보는 것 같이 시장 조사 기관의 산업 보고서를 별도로 구입하지 않고서도 인터넷 검색을 통해 수집한 정보로 대략적으로 시장 현황을 분석해볼 수 있습니다.

그러나 보다 정확하고 객관적인 시장 규모와 연도별 시장 성장 전망, 경쟁사별 시장점유율, 지역별 시장 세분화 현황과 같은 자료가 필요하다면, 앞서 3장에서 본 것처럼 시장 조사 기관에서 발간한 산업 보고서를 참고해야 합니다.

5장

B2C 고객 분석

3C 프레임의 3가지 비즈니스 주체 중에서 두 번째 C인 '시장과 고객(Customer)'은 기업 간의 경쟁에서 최종 승리를 결정해주는 역할을 합니다. 이러한 '고객'에 대한 분석은 크게 2단계로 나눌 수 있습니다.

첫 번째 단계는 고객을 둘러싸고 있는 환경이라 할 수 있는 '시장 현황(Market overview)'을 분석하는 것으로 이에 대해서는 앞서 2장, 3장, 4장의 사례에서 살펴보았습니다.

시장 현황을 분석한 후 두 번째 단계는 '고객' 자체를 분석하는 과정입니다. 즉 '고객'이 어떻게 구성되어 있고, 이들은 제품을 구매할 때 무엇을 중요하게 생각하는지, 어떤 경로를 통해 구매하는지, 자사 제품이나 경쟁사 제품에 대해서는 어떻게 평가하는지 등의 사실을 조사하는 것입니다.

이러한 분석을 통해 기업은 어떤 제품을 만들 것인지, 어떤 고객을 대상으로 판매하고, 자사 제품의 어떤 점을 강조할 것인지, 어떤 유통 채널을 통해 판매할 것인지 등과 같이 마케팅 전략 수립에 필요한 기본 정보를 파악하게 됩니다.

'고객' 자체를 분석하는 단계는 일반적으로 고객의 특성에 따라 두 가지 형태로 구분할 수 있습니다. 그중 하나는 일반 소비자를 대상으로 제품을 판매하는 형태로 이는

'B2C' 고객 분석이라고 합니다. 예를 들면, 가전 제품이라든지 화장품, 식품, 외식업, 일용품 등 각종 생활용품과 소비재 같은 것으로 불특정 다수의 개인 소비자가 기업의 고객이 됩니다.

또 하나는 일반 소비자가 아닌 기업이나 공공단체, 정부 기관 등과 같이 기업이나 단체를 대상으로 제품을 판매하는 형태인데, 이는 'B2B' 고객 분석이라고 합니다. 예를 들면, 큰 건물에 들어가는 상업용 에어컨, 기업 경영에 필요한 각종 시스템과 소프트웨어, 공장에서 사용하는 각종 설비나 장비 같은 것을 판매하는 것으로 기업체나 공공 기관이 고객이 됩니다. 이 중에서 'B2C' 고객 분석은 5장에서, 'B2B' 고객 분석은 6장에서 살펴보도록 하겠습니다.

::: 5.1 B2C 분석 도구 살펴보기

B2C는 '비즈니스 투 컨슈머'(Business to Consumer)의 약자입니다. 즉, 어떤 기업(Business)이 일반 소비자(Consumer)에게 제품을 판매하는 것을 의미합니다.

B2C 고객 분석 방법은 조사 방식에 따라 직접 대면 조사, 전화 조사, 인터넷 조사 등으로 구분할 수 있습니다. 이 중에서 마케팅 조사 이론의 기본이 되고 또한 '차이나 마케팅 전략 수립'을 위해 가장 많이 사용되는 조사 방식은 '직접 대면 조사' 입니다.

'직접 대면 조사' 는 조사 조건에 적합한 소비자를 직접 만나 조사 목적이나 내용을 설명한 후, 이에 대한 질문을 통해 필요한 정보를 수집하는 방식입니다. 일반적으로 많이 사용하는 방식에는 CLT, 갱서베이(Gang survey), FGD, 심층 인터뷰(In-depth interview) 등이 있습니다.

■ CLT(Central Location Test)
CLT는 조사 대상자를 직접 찾아가서 일대일로 인터뷰하는 방식입니다. 미리 작성한 설문지를 준비하고, 인터뷰에 적합한 사람들이 많이 오가는 번화가 같은 곳에 가서 조사하게 됩니다. 이때 주변에 인터뷰할 수 있는 조용한 장소를 사전에 미리 정해놓는 것이 좋습니다.

인터뷰는 보통 30분~1시간 내외로 진행합니다. 미리 준비한 설문지를 제시하고, 조사 목적이나 조사 내용에 대해 설명합니다. 조사 대상자가 내용을 충분히 이해했다고 판단되면, 설문 내용에 따라 인터뷰를 시작하게 됩니다.

일반적으로 조사 대상자를 섭외할 때는, 조사에 대한 답례로 경품이나 약간의 비용을 지급합니다. 원활한 조사를 위해서는 경품을 잘 선택하는 요령도 필요합니다. 조사 대상자를 섭외할 때는 설문에 응할 때 경품이나 사례비가 있음을 미리 언급하는 것이 좋습니다. 중국의 경우, CLT는 조사 내용의 많고 적음에 따라 한 사람당 5천 원에서 2만 원 정도의 사례비를 지급합니다.

■ 갱서베이(Gang Survey)

갱서베이는 조사 목적이 CLT 방식과 비슷합니다. CLT와의 차이점은 CLT가 조사 대상자를 직접 찾으러 나가는 것에 반해, 갱서베이 는 조사 대상자를 사전에 섭외한 후, 특정 시간에 특정 장소로 모이게 한 후 인터뷰를 진행한다는 점입니다. 일반적으로 인터뷰 장소는 시장 조사를 수행하는 기관의 회사 내에 장소를 준비합니다.

이와 같은 방식은 조사자 입장에서 조사 시간을 절약할 수 있고, 조사 진행을 좀 더 원활하게 할 수 있다는 장점이 있습니다. 반면, 사전에 조사 대상자를 섭외하는 데 많은 시간이 소요된다는 단점이 있습니다.

갱서베이 방식은 조사 활동이 외부적으로 알려지는 것을 방지할 수 있는 장점도 있습니다. 따라서 신제품 출시와 같이 경쟁사에 정보를 노출해서는 안 되는 조사의 경우, CLT보다는 갱서베이 방식이 더 적합합니다.

■ FGD(Focus Group Discussion)

FGD(포커스 그룹 토의, Focus Group Discussion)는 FGI(Focus Group Interview)로도 많이 불려지는 조사 방식입니다. 말 그대로 6~10명 정도로 구성된 포커스 그룹(Focus Group)이 어떤 주제를 놓고 상호 토론하는 방식을 통해 정보를 수집하는 것입니다. 마케팅 전략에서는 주로 제품 개발 아이디어를 얻기 위한 목적이나 신제품 출시를 앞두고 소비자 반응을 테스트하기 위해 많이 사용합니다.

FGD를 진행하기 위해서는 3가지 필수 요소가 있습니다. 그것은 포커스 그룹 구성원, 모더레이터(Moderator, 진행자) 그리고 FGD 회의실입니다.

'포커스 그룹 구성원'은 제품에 대한 지식을 갖추고 다양한 의견을 내놓을 수 있는 6~10명으로 구성된 소비자 그룹입니다.

'모더레이터'는 제품에 대한 충분한 사전 지식을 갖추고, 포커스 그룹 구성원들이 원활하게 토의에 참여하도록 돕는 진행자입니다. 이들은 대부분 시장 조사 기관에서 관련 경험으로 숙달된 전문 요원들입니다.

'FGD 회의실'은 두 개의 공간으로 구성되어 있는데, 한쪽은 모더레이터와 포커스 그룹이 토의하는 곳이고, 다른 한쪽은 조사 분석팀이나 조사를 의뢰한 클라이언트(client)가 토의를 지켜볼 수 있도록 장치된 공간입니다. 토의를 지켜보는 공간에는 일면경(One way mirror)과 시청각 설비가 구비되어 있어서 토의 진행을 방해하지 않으면서 직접적으로 관찰하고 분석할 수 있도록 되어 있습니다.

■ 심층 인터뷰(In-depth Interview)

심층 인터뷰는 일종의 전문가 인터뷰라 할 수 있습니다. 특정 조사 주제에 대해 전문적 지식이 있는 대상자를 섭외하여 2~3시간가량 집중적으로 인터뷰하는 방식입니다. 조사 비용도 4가지 조사 방식 가운데 가장 많이 들고 조사 난이도도 가장 높습니다. 중국의 경우 인터뷰 대상자에게 적게는 수만 원에서 많게는 수십만 원 이상의 사례비를 지급합니다.

FGD 방식은 특정 제품에 대해 소비자의 다양하고 깊이 있는 평가를 객관적으로 얻거나 새로운 아이디어를 수집할 수 있다는 장점이 있습니다. 반면, 소수의 의견이기 때문에 대표성이 부족하고, 정보를 정량화(Quantitative)할 수 없다는 단점이 있습니다. 이를 보완하기 위해 사용되는 방식이 CLT나 갱서베이 조사입니다.

CLT나 갱서베이는 특정 제품의 고객 층을 지역이나 연령, 남녀 비율에 따라 적절히 배분하여 일정 수량의 샘플(sample)을 가지고 조사하게 됩니다. 따라서 정량화가 가능하고 대표성 있는 결과를 얻을 수 있다는 장점이 있습니다.

한편, 심층 인터뷰는 일반적으로 수집하기 어려운 전문적인 정보를 조사하는 경우에 많이 사용됩니다. 예를 들면, 특정 제품의 유통 채널 구조를 파악한다든지, 특정 경쟁사의 조직 구성이나 영업 정책을 파악할 때 활용하게 됩니다.

그러므로 조사의 목적과 성격에 따라 심층 인터뷰, FGD, CLT및 갱서베이 방식 가운데 가장 적합한 도구를 선택하여 사용할 수 있습니다. 경우에 따라서는 한 가지 조사 프로젝트에 2~3가지 방식을 조합하여 활용하기도 합니다.

예를 들면, 다음과 같습니다. FGD 조사를 통해 먼저 소비자의 주요 구매 요인과 제품 평가 사항을 충분히 파악합니다. 그리고 나서 이를 바탕으로 갱서베이나 CLT를 위한 조사 설문지를 디자인합니다. 이럴 경우 FGD를 통해서는 소비자의 니즈(needs)를 깊이 있게 파악할 수 있고, CLT나 갱서베이를 통해서는 정량화되고 대표성 있는 결과를 도출할 수 있습니다. 따라서 조사 방식에 따른 장단점을 상호 보완한 조사 결과를 얻을 수 있습니다.

그러면 이제 실제 사례를 통해 위에서 언급한 B2C조사 방식을 좀 더 구체적으로 알아보도록 하겠습니다.

중국시장에 디지털카메라 신제품을 출시하려는 A라는 업체가 있습니다. A사는 신제품 출시를 앞두고 소비자 조사를 통해 소비자가 디지털카메라를 구입할 때 무엇을 중요하게 생각하는지, 경쟁사인 B사의 제품과 비교해서 어떻게 평가하는지, 어떤 유통 경로를 통해 제품을 구입하는지 알아보고자 합니다. 이를 위해 B2C 고객 분석 도구 중에서 갱서베이, FGD, 심층 인터뷰를 방식을 활용하여 다음과 같이 조사를 설계하였습니다.

■ 첫 번째 조사(Research Design 1)

- 조사 방법: FDG(Focus Group Discussion)
- 조사 지역: 베이징
- 조사 기간: 2010년 8월 17일
- 조사 대상자: 월평균 소득이 RMB 5,000위안 이상인 20~30세 남녀
- 샘플 구성: 잠재 고객 집단(그룹 1), 사용자 집단(그룹 2)
- 그룹 1: 향후 6개월 이내 디지털카메라 구매 희망자이면서 또한 노트북, MP3, 스마트폰 중 1개 이상의 디지털 기기 보유자
- 그룹 2: 디지털카메라의 주요 브랜드인 A사, B사, C사의 디지털카메라 보유자이면서 또한 노트북, MP3, 스마트폰 중 1개 이상의 디지털 기기 보유자

■ 두 번째 조사(Research Design 2)

- 조사 방법: 갱서베이
- 조사 지역: 베이징, 상하이
- 조사 기간: 2010년 8월 26~28일

- 조사 대상자: 월평균 소득이 RMB 5,000위안 이상인 20~30세 남녀
- 샘플 구성: 잠재 고객 집단 40명, 사용자 집단 40명(총 80명)
- 잠재 고객 집단: 베이징 남성 10명, 베이징 여성 10명, 상하이 남성 10명, 상하이 여성 10명
- 사용자 집단: 베이징 남성 10명, 베이징 여성 10명, 상하이 남성 10명, 상하이 여성 10명
- 잠재 고객 집단과 사용자 집단의 조건은 FGD 조사와 동일함

■ 세 번째 조사(Research Design 3)
- 조사 방법: 심층 인터뷰
- 조사 지역: 베이징, 상하이
- 조사 기간: 2010년 8월 22일, 24일
- 조사 대상자: 디지털카메라 주요 브랜드인 A사, B사, C사의 제품을 취급하는 총판 대리상
- 샘플 구성: 베이징 총판 대리상 담당 매니저 2명, 상하이 총판 대리상 담당 매니저 2명

::: 5.4 B2C 고객의 KBF 분석하기

〈그림 5-1〉은 위의 조사 방식을 통해 분석된 결과물 중에서 통상 'KBF'라 불리는 핵심 구매 요인(Key Buying Factors)을 분석한 결과입니다.

먼저 '첫 번째 조사(Research Design 1)'를 통해 중국 소비자가 디지털카메라를 구입할 때 중요하게 생각하는 점이 무엇인지 FGD(포커스 그룹 토의)를 통해 분석하였습니다. 프로젝트 조사 팀은 FGD 분석 자료를 활용하여 갱서베이에 사용할 설문지를 제작하였습니다. 그리고 '두 번째 조사(Research Design 2)'인 갱서베이를 통해 베이징과 상하이에 있는 80명의 소비자들에게 다음과 같이 질문했습니다.

"디지털카메라를 구매할 때 가장 중요하게 생각하는 점은 무엇입니까?"

〈그림 5-1〉의 조사 결과를 보면, 중국의 소비자들은 디지털카메라를 구매할 때 브랜드, 기능, 가격, 사진/동영상 해상도 그리고 디자인을 중요하게 생각하는 것으로 나타났습니다. 그중에서 첫 번째로 중요하게 생각하는 핵심 구매 요인(KBF)으로 39%의 소비자가 '브랜드'라고 대답하였습니다.

이를 통해 볼 때, 베이징과 상하이에 거주하는 소비자들은 디지털카메라를 구매할 때 '가격'보다 '브랜드'를 더 우선시 한다는 사실을 알 수 있습니다. 반면, 애프터 서비스나 배터리 성능, 기타 다양한 부가 기능은 별로 중요하게 고려하지 않는 것으로 나타났습니다.

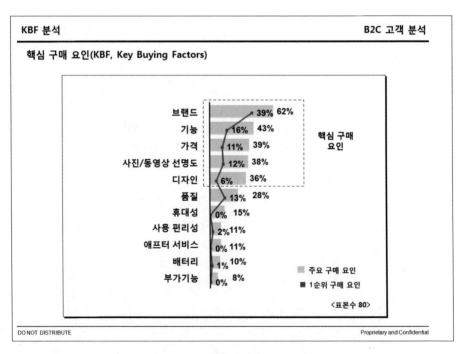

〈그림 5-1〉 디지털카메라의 핵심 구매 요인

〈그림 5-2〉는 조사를 의뢰한 A사의 신제품인 AAA 제품과 경쟁사인 B사의 BBB 제품을 비교한 것입니다. 현재 디지털카메라를 사용하고 있는 소비자들은 AAA제품의 '대용량 메모리'와 6가지 기능을 원터치(one touch)로 사용할 수 있는 '6 in 1 기능'을 가장 선호한다고 답했습니다.

앞으로 디지털카메라를 구매할 예정인 잠재 고객 집단에서도 비슷한 반응을 보였습니다. 이들은 '6 in 1 기능'을 가장 선호한다고 답했고, 그 다음이 '대용량 메모리'였습니다.

한편, 경쟁사인 B사의 BBB 제품에 대해서는 전원을 켠 후 빨리 반응하는 '최초 작동 시간'을 가장 선호하는 기능으로 답했고, 그 다음으로 'LCD 스크린 크기'가 가장 선호

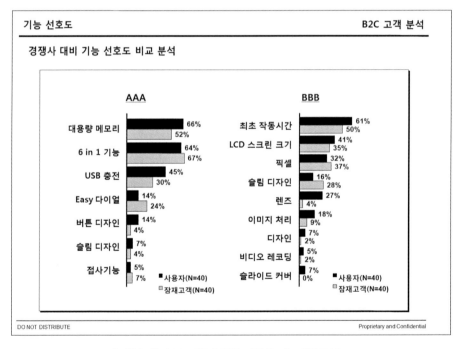

〈그림 5-2〉 AAA 제품과 BBB 제품의 기능 선호도 비교

하는 요인이라고 답했습니다.

이를 통해 볼 때, 중국시장에서 신제품 출시를 계획하고 있는 A사의 AAA 디지털카메라는 '6 in 1 기능'과 '대용량 메모리'를 주요 세일즈 포인트(sales point)로 해서 마케팅 계획을 세워야 함을 알 수 있습니다. 신제품의 홍보물 제작이나 프로모션 활동을 기획할 때도 이 부분을 적극 활용하여 강조하는 것이 유리할 것입니다. 또한 후속 제품을 개발할 때는 B사의 BBB 제품의 선호 요인인 '최초 작동시간'이나 'LCD 스크린 크기'를 적극 수용해서 소비자의 니즈(needs)를 충족시킬 수 있을 것입니다.

마지막으로 '세 번째 조사(Research Design 3)'는 소비자의 주요 구매 채널을 조사하기 위한 것으로 심층 인터뷰 방식으로 조사가 설계되었습니다.

소비자의 주요 구매 채널을 조사하기 위해서 다수의 소비자를 대상으로 설문 조사를 하는 방법도 있겠지만, 이보다 더 효과적인 방법은 디지털카메라를 직접 유통하고 있는 총판 대리상을 통해 일괄적으로 정보를 수집하는 것입니다.

따라서 본 조사에서는 베이징과 상하이에 있는 디지털카메라 총판 대리상의 담당 관리자를 인터뷰해서 디지털카메라의 유통 구조와 각 판매 채널의 비중을 분석하였습니다. 이에 대한 결과물은 11장(그림 11-1)에서 유사한 사례를 볼 수 있습니다.

6장

B2B 고객 분석

앞서 5장에서 살펴본 'B2C 고객 분석'이 개인 소비자의 니즈를 파악하는 것이라면, 'B2B 고객 분석'은 기업 고객의 니즈를 파악하는 것입니다. B2B는 '비즈니스 투 비즈니스'(Business to Business)를 의미하는 말입니다. 즉, 어떤 기업(Business)이 또 다른 어떤 기업(Business)에게 제품이나 서비스를 판매하는 것입니다.

여기서 비즈니스(business)는 기업 외에도 정부 기관이나 다른 여러 단체 및 조직 집단을 의미할 수 있지만, 여기서는 편의상 '기업'으로 통칭하도록 하겠습니다.

'B2B 고객 분석'은 특별히 정형화된 조사 방식이 없습니다. "차이나 프레임으로 보는 기초 마케팅 전략"에서 대부분의 B2B 고객 분석은 '2차 자료 조사'(Secondary research)와 '심층 인터뷰' 방식을 통해 자료가 조사되었습니다.

여기서 '2차 자료'라는 말은 직접 조사한 자료가 아니고, 타인에 의해 조사된 자료라는 의미입니다. 일반적으로 활용할 수 있는 '2차 자료'에는 조사 기관에서 발행하는 산업 조사 보고서, 인터넷 검색 자료, 인쇄 자료 형태인 기업 소개 및 홍보 자료 같은 것이 있습니다. '2차 자료 조사'는 책상에 앉아서 작업한다고 해서 일명 '데스크탑 리서치'(Desktop research)라고도 불립니다.

그렇다면 '1차 자료 조사'(primary research)도 있을 것인데, 이는 말 그대로 '직접

조사' 한 자료를 의미합니다. '1차 자료 조사' (primary research)는 대부분의 경우, 앞서 말한 '심층 인터뷰' 방식을 통해 자료를 수집합니다.

∷∷ 6.1 심층 인터뷰 디자인하기

B2B 고객 분석을 위한 '심층 인터뷰' 방법은 고도의 조사 기술(skill)을 요구합니다. 자료 수집 과정부터 조사된 자료를 바탕으로 정보를 분석하는 과정에 이르기까지 모든 과정에서 숙련된 전문가를 필요로 합니다.

이러한 조사 방식은 일반적으로 경영 컨설팅 업체에서 많이 활용하고 있습니다. 경영 컨설팅 업체의 컨설턴트들은 관련 정보를 수집하기 위해 특정 기업체의 최고 경영진, 내부 임직원, 협력사 관계자, 산업 전문가, 대학교수, 경쟁사 관계자 등을 조사하는데, 이때 사용하는 인터뷰 방식이 '심층 인터뷰' 입니다. 이는 다른 말로 '전문가 인터뷰' 라고 부를 수도 있습니다.

'심층 인터뷰' 를 디자인하는 방법은 여러 형식이 있지만, 여기서는 기본적인 마케팅 전략 수립의 일반적인 사례에 따라 살펴보겠습니다.

조사를 계획하기에 앞서 먼저 '조사 목적과 수행 과제' 를 정의해야 합니다. "이 조사를 왜 하는가?" 그리고 "구체적으로 어떤 결과를 도출하고자 하는가?"라는 질문에 대한 답을 정의하는 것입니다.

이것을 명확하게 정의했다면, 그 다음에는 이러한 목적을 달성하기 위해 무엇을 조사하고, 누구를 인터뷰해야 할지 결정하게 됩니다. 이는 '조사 범위와 조사 대상' 을 정의하는 과정입니다.

::: '조사 목적과 수행 과제' 정의하기

〈그림 6-1〉을 보면, 중국에서 대형디스플레이(LFD) 판매를 계획하고 있는 A라는 기업의 사례가 있습니다. A사는 중국시장에서 LFD가 필요한 B2B 고객을 분석하고, 또한 이들 고객에게 제품을 판매하기 위해 어떤 유통 채널을 통해 영업해야 하는지를 파악하고자 합니다. 이를 위해 다음과 같이 '조사 목적과 수행 과제'를 정의하였습니다.

조사 목적과 범위	B2B 고객 분석

중국 대형 디스플레이(LFD) 시장의 B2B 고객 분석, 영업 채널 분석, 경쟁사 분석 등을 통해 LFD B2B 사업을 위한 전략적 가이드라인을 수립하는 것이 본 조사의 주요 목적임

조사 목적 및 수행 과제

본 조사의 목적은 중국의 LFD 시장 이해와 주요 고객 분석을 통해 시장 기회를 파악하고 마케팅 전략의 가이드라인을 수립하는 것임

- LFD B2B 시장 규모 및 세부 시장 파악
- 경쟁사의 B2B 업무 및 영업 채널 분석
- 기존 /잠재 B2B 고객 특징 이해(구매 프로세스, KBF)
- 목표 고객 분석 및 제품 포지셔닝 전략
- 시장 환경, 경쟁사 분석 및 고객에 대한 종합적인 분석을 통해 향후 사업 추진을 위한 전략적 가이드라인 제시

조사 범위 및 조사 대상

¶ 제품
  - 시장 및 고객 분석(규모 및 고객 세분화)
  - 경쟁사 분석(조직 구조, 영업 채널)
  - 타깃 고객 조사 및 전략적 방향 수립

¶ 지역
  - 1급 도시: 베이징, 상하이, 광저우, 청두, 선양
  - 2급 도시: 텐진, 지난, 칭다오, 스좌장, 정저우, 난징, 항저우, 선전, 푸저우, 창사, 쿤밍, 충칭, 다롄, 창춘, 하얼빈(15개 도시)

¶ 조사 대상
  - 각 도시별 대리상
  - 각 도시별 주요 B2B 고객
  - 경쟁사: A사, B사, C사(3개사)
  - 업계 전문가

〈그림 6-1〉 B2B 고객 분석을 위한 조사 목적 및 범위

■ 조사 목적

● 중국의 LFD 시장 이해와 주요 고객 분석을 통해 시장 기회를 파악하고 마케팅과 영업 전략을 위한 가이드라인을 수립함

다음으로 이러한 목적을 달성하기 위한 수행 과제의 목록을 정의하였습니다.

● LFD B2B 시장 규모 및 세부 시장 파악
● 경쟁사의 B2B 업무 및 영업 채널 분석
● 기존 /잠재 B2B 고객 특징 이해(구매 프로세스, KBF)
● 목표 고객 분석 및 제품 포지셔닝 전략
● 시장 환경, 경쟁사 분석 및 고객에 대한 종합적인 분석을 통해 향후 사업 추진을 위한 전략적 가이드라인 제시

이와 같이 '조사 목적과 수행 과제'가 정의되면, 다음 단계로 정보 수집을 위한 '조사 범위와 조사 대상'을 디자인하게 됩니다.

::: '조사 범위와 조사 대상' 디자인하기

〈그림 6-1〉을 보면 '조사 범위와 조사 대상'을 3개 분야로 구분하여 디자인하고 있습니다.

먼저 '제품'에 대해서는 시장과 고객, 경쟁사, 목표 고객을 조사할 계획입니다. 다시 말하자면, LFD 제품의 시장 규모, 성장률, 고객 세분화, 경쟁사 제품 및 영업 현황, 목표 고객 분석 등을 조사하겠다는 의미입니다.

이는 또 다른 말로 하면, 여기에 포함되지 않는 사항은 조사 범위에 포함되지 않는다는 의미이기도 합니다. 예를 들어 제품의 성능, 연구개발, 생산, 비용 구조, 서비스 같은

영역은 본 조사 범위에 포함되지 않는다는 의미입니다.

다음으로 조사 지역의 범위를 정의하고 있습니다. 1급 도시는 베이징, 상하이를 포함한 5개 도시, 2급 도시는 톈진, 지난을 포함한 15개 도시가 해당 제품의 시장 및 고객을 분석할 때 포함될 지역입니다.

그리고 '조사 대상'은 이를 조사하기 위해 심층 인터뷰를 진행할 인터뷰 대상을 의미합니다. 조사 지역에 포함된 도시에서 LFD를 판매하는 대리상, 주요 B2B 고객, 주요 경쟁사 3개 기업, 그리고 업계 전문가가 주요 인터뷰 대상입니다.

::: 2차 자료 분석하기

일반적으로 조사가 착수되고 1~2주 정도는 2차 자료 분석을 수행합니다. 이를 통해 시장과 고객에 대한 기본 정보를 파악할 수 있습니다. 2차 자료 분석을 통해 얻을 수 있는 정보는 앞서 2장, 3장, 4장의 사례를 통해 볼 수 있습니다.

::: 인터뷰 대상자 섭외하기

다음 단계는 구체적인 인터뷰 대상자를 섭외하는 것입니다. 이는 이를 대행해주는 전문 기관에 의뢰하기도 하고, 조사 팀원들이나 회사 동료의 인맥을 통해 섭외하기도 합니다.

전문 기관에 의뢰할 경우, 한 건의 인터뷰당 적게는 수만 원에서 많게는 수십만 원 이상의 대행 수수료 비용이 필요합니다.

전문 기관을 통하지 않고 개인의 인맥을 활용할 경우, 비용도 저렴하고 때로는 훨씬 효과적인 결과를 얻는 경우도 있습니다. 다만 개인 인맥을 통해서 인터뷰 대상을 섭외하는 것에는 인력 풀(pool)의 한계가 있다는 단점이 있습니다.

본 조사에서 심층 인터뷰를 위해 섭외할 인터뷰 대상자의 리스트를 만들게 되면, 다음과 같은 형태가 됩니다.

- 각 도시별 대리상: 베이징 ○○기업 총판 영업매니저, 광저우 ○○기업의 지역 총판 제품매니저, …(총 5명)
- 주요 B2B 고객: 베이징 시 정부 조달 담당자, 상하이 ○○증권사 시설담당자, 다롄 ○○병원 구매담당자, …(총 20명)
- 경쟁사: 주요 3사 영업 매니저(총 3명)
- 업계 전문가: 베이징 ○○협회 이사 1명, 상하이 ○○조사기관 수석연구원 1명(총 2명)

::: 이슈 리스트 만들기

인터뷰 대상자를 정하고, 이를 섭외하는 동안 조사 담당 팀은 인터뷰를 위한 '이슈 리스트'(issue list)를 만들게 됩니다. 이슈 리스트는 심층 인터뷰를 통해 어떤 정보를 수집할지, 어떤 문제를 제기하고, 어떤 관점에서 조사할 것인지를 미리 준비하는 '오픈형 질문지'를 의미합니다.

이는 인터뷰가 조사 목적에 따라 특정 과제에 집중해서 진행되도록 하기 위한 준비 도구입니다. 물론 심층 인터뷰는 질문지 내용에 따라 순서대로 진행되지 않는 경우가 많습니다. 또한 이슈 리스트는 '가설'에 따라 작성되었기 때문에 실제 인터뷰 진행 도중, 가설이 맞지 않아 계획했던 것과 다른 방향으로 인터뷰를 진행하기도 합니다. 그럼에도 불구하고 사전에 최대한 구체적으로 설계한 이슈 리스트는 심층 인터뷰를 효과적으로 진행하는 데 많은 도움이 될 수 있습니다. 또한 심층 인터뷰는 이를 진행하는 조사원(컨설턴트)의 역량에 따라 조사 결과에 큰 차이를 보일 수 있습니다. 이슈 리스트의 몇몇 항목을 나열하면 다음과 같습니다.

■ 시장 개요

● 중국의 LFD B2B 시장규모는 어느 정도인가? 성장성은?

● 성장성 평가에 대한 주된 근거는?

● 시장의 경쟁 정도는 어떠한가?

● 향후 3~5년, LFD B2B 시장의 기회는 무엇인가?(예: 국가 대형 프로젝트)

■ 고객 분석

● 고객은 어떻게 세분화될 수 있는가?

● 세분화된 고객별로 시장 규모, 성장률, 경쟁 정도는?

● 세분화된 고객별로 구매 프로세스는 어떠한가?

● 세분화된 고객별 KDM(Key Decision Makers)과 KBF(Key Buying Factors)는?

■ 경쟁사

● 주요 제품 라인업과 가격대는?

● 주요 고객의 구성 및 분포는?

● 중국시장에서 경쟁적 우위는?(브랜드, 기술력, 서비스, 가격,…)

■ 영업 채널

● 프로젝트 발주 정보는 어떻게 얻을 수 있는가?

● 영업 채널에 따른 KDM(Key Decision Makers)과 KBF(Key Buying Factors)는?

● 업계 내의 주요 마케팅 활동은 어떤 것이 있는가?

〈그림 6-2〉는 앞서 설명한 것과 같은 심층 인터뷰를 통해 조사 분석된 결과물입니다. 이는 한 차례의 인터뷰를 통해 작성된 것은 아닙니다. 일반적으로 수행 과제별로 각각 진행된 여러 차례의 심층 인터뷰 자료는 프로젝트 팀에 의해서 종합적으로 분석됩니다. 반복되는 '종합과 분석' 과정을 통해 컨설턴트들은 〈그림 6-2〉와 같은 분석 결과물을 하나씩 도출하게 됩니다. 이 과정에서 처음 정의한 수행 과제와 가설, 관련 프로젝트 결과물 등을 참조하게 됩니다.

고객 세분화 **B2B 고객 분석**

중국의 대형 디스플레이(LFD) 시장은 아래 4개 업종으로 분류할 수 있으며, 각 고객별 시장의 규모, 성장률, 경쟁 정도, 고객의 핵심 구매 요인(Key Buying Factors)은 다음과 같음

중국 LFD 시장의 고객 세분화

(단위 : RMB 백만 위안)

고객 업종	제품 용도	시장 크기	성장률	경쟁 정도	KBF
교통 운송	공항, 지하철, 버스 정류장, 기차역 등에서 운행 정보를 디스플레이함	16.2	39%	●	제품 수명, 명암비, 디스플레이 기능
상업 시설	대형마트, 슈퍼마켓, 요식업, 브랜드 전문 판매점 등에서 정보 제공, 광고 등의 용도로 사용함	24.6	50%	◕	가격, 간단한 기능
공공 장소	체육관, 전람회, 국제회의센터, 여행지 등에서 정보제공, 경기 실황, 시설안내 등의 용도로 사용함	7.8	37%	◕	해상도, 명암비, 반응시간
은행/증권/병원	은행 서비스홀, 증권 거래소 서비스홀, 병원 고객 대기 장소 등에서 환율, 시황, 제품 소개, 업무 소개, 진찰 정보 등을 디스플레이함	29.7	34%	◑	가격, 반응시간, A/S, 제품 수명

출처 : OOO시장 보고서, In-Depth Interview   高 ●──○ 低

〈그림 6-2〉 중국 LFD 시장의 고객 세분화 및 분석

〈그림 6-2〉를 보면, 중국시장에서 LFD의 B2B 고객은 4개 업종으로 세분화되어 있습니다. 교통 운송, 상업 시설, 공공 장소, 은행/증권/병원 등이 세분화된 주요 4대 업종입니다. 각 업종별로 고객의 제품 사용 용도가 조사되었습니다.

또한 LFD 시장의 크기와 성장률도 조사되었는데, 이는 시장조사 기관에서 예측한 자료를 주로 활용하였고, 심층 인터뷰를 통해 일부 내용을 보완하였습니다.

경쟁 정도는 교통 운송 업종이 제일 치열하고, 은행/증권/병원 업종은 상대적으로 경쟁 정도가 약한 것으로 조사되었습니다.

고객이 제품 구입을 결정할 때, 우선적으로 고려하는 KBF(Key Buying Factors)는 제품 수명, 가격, 해상도 등이 있으며, 이는 세분화된 고객 업종별로 달랐습니다.

::: 6.3 구매 프로세스와 KDM 분석하기

이번에는 오피스 빌딩이나 상가 건물, 주택 단지 등에 설치되는 시스템 에어컨 시장의 B2B 고객 분석 사례를 보도록 하겠습니다.

시스템 에어컨에는 크게 3가지 타입이 있습니다. 그중 하나는 규모가 작아서 B2C 채널을 통해 많이 팔립니다. 그리고 나머지 두 가지 타입 (A타입, B타입)은 대부분 B2B 채널을 통해 팔리고 있습니다.

〈그림 6-3〉은 A타입 제품의 구매 프로세스와 KDM(Key Decision Makers, 핵심 구매 결정자), KBF(Key Buying Factors, 핵심 구매 요인)를 분석한 것입니다. 〈그림 6-4〉는 B타입 제품의 제품 구매 프로세스와 KDM을 분석한 사례입니다.

먼저 〈그림 6-3〉에서 A타입 제품의 구매 프로세스를 보겠습니다.

⑴ '사용자' 는 '인테리어 회사' 에 제품 설치를 문의합니다.

(2) 인테리어 회사의 설계사는 사용자의 건물 구조와 선호 브랜드, 가격대 등을 고려하여 적합한 제품 유형 및 브랜드를 제안합니다.

(3) 인테리어 회사의 제안에 따라 사용자는 제품 구매를 결정하게 됩니다. 그런데 여기서 만일 사용자(건물 주인, 상가 임대인 등)가 전적으로 제품 구매를 결정하는 행태라고 한다면, 이는 B2C가 될 것입니다. 그런데 A타입 시스템 에어컨의 경우, 〈그림 6-3〉의 조사 결과에서 보듯이 KDM(Key Decision Makers, 핵심 구매 결정자)은 사용자와 인테리어 회사의 설계사로 나누어져 있습니다. 그리고 KDM의 영향력을 보면, 사용자는 30%이고, 인테리어 회사의 설계사가 70%인 것을 알 수 있습니다.

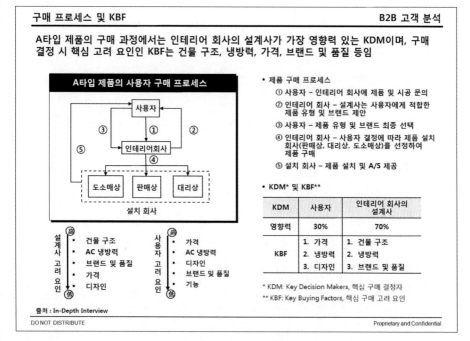

〈그림 6-3〉 시스템 에어컨 A 타입 제품의 구매 프로세스

따라서 A타입 제품은 이러한 구매 프로세스와 KDM의 영향력을 고려하여 마케팅을 기획해야 함을 알 수 있습니다. 예를 들면, 인테리어 회사의 설계사들이 많이 구독하는 잡지에 광고를 하고, 이들을 대상으로 신제품 설명회나 기술 세미나를 개최하고, 또한 인테리어설계사협회의 활동에 후원 기업으로 참여하는 것 등이 있을 것입니다.

(4) 인테리어 회사는 사용자의 결정에 따라 제품 설치회사(판매상, 대리상, 도소매상)를 선정하여 제품을 구매합니다.

(5) 마지막으로 제품 설치회사는 제품을 설치하고 고객 애프터 서비스를 제공하게 됩니다.

다음으로 〈그림 6-4〉의 시스템 에어컨 B타입 제품의 구매 프로세스를 보도록 하겠습니다.

(1) 부동산 개발상은 경쟁 입찰 형태로 총도급상을 선정하여 중앙통제식 에어컨 설치를 위탁합니다. 경우에 따라서는 부동산 개발상이 총도급상(시공사)을 겸하는 경우도 있습니다.

(2) 이 과정에서 프로젝트 컨설팅 역할을 하는 건축사 사무소나 기전 컨설팅회사를 초청하는 경우도 있습니다.

(3) 프로젝트 컨설팅 회사가 참여하는 경우, 기전 컨설팅 회사(또는 건축사 사무소)는 제품의 시스템을 설계하기도 하며 개발상 및 총도급상에게 적합한 제품 유형과 브랜드를 추천하기도 합니다.

(4) 개발상은 프로젝트 요구조건과 예산에 따라 최종적으로 제품 유형과 브랜드를 결정합니다. (이 과정에서 총도급상도 결정됩니다.)

(5) 선정된 총도급상은 경쟁성 협상 또는 입찰 방식으로 시스템 에어컨 설치 회사를 모집합니다.

(6) 제품 설치 회사는 프로젝트의 제품 유형과 브랜드에 따라 설치 가격을 제안합니다. 이때 설치 회사나 제품 대리상/판매상의 제안에 의해 성능과 가격대가 유사한 다른 제품(혹은 브랜드)으로 바뀔 수도 있습니다. 그런데 이러한 경우는 10~20% 정도밖에 안 되는 것으로 조사되었습니다.

B타입 제품의 구매 프로세스에서 가장 영향력이 큰 KDM(Key Decision Makers, 핵심 구매 결정자)은 부동산 개발상과 총도급상이며, 약 60%의 영향력이 있는 것으로 조사되었습니다.

(7) 개발상과 총도급상은 제품 설치 회사를 최종 결정합니다.

(8) 제품 설치 회사는 판매상이나 대리상으로부터 제품을 구입하여 시공하게 됩니다.

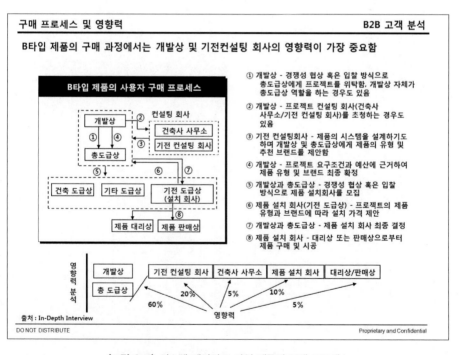

〈그림 6-4〉 시스템 에어컨 B 타입 제품의 구매 프로세스

차이나 프레임으로 보는

기초 마케팅 전략

두 번째 이야기

Competitor-
경쟁사 분석하기

7장

경쟁사 분석 서론

　3C 프레임에서 비즈니스의 첫 번째 주체인 '고객(Customer)' 분석 다음 단계로 두 번째 주체인 '경쟁사'(Competitor)를 분석하게 됩니다. "지피지기 백전불태"(知彼知己百戰不殆)라는 말이 있습니다. "상대를 알고 나를 알면, 백 번 싸워도 위태롭지 않다"는 뜻으로, 손자병법의 유명한 구절입니다.

　오래전 중국의 춘추전국시대는 많은 영웅호걸들과 사상가를 배출했습니다. 이 시대 제자백가(諸子百家)들의 면면을 보면 우리가 익히 아는 이름들로 즐비합니다. 공자, 맹자, 순자, 노자, 장자, 한비자…… 그중 한 사람이 손자입니다.

　다른 이들의 사상이나 철학과 달리 손자의 저서는 시대와 국경을 넘어 오늘날까지 널리 읽히고 있습니다. 아마도 '전쟁'이라는 인류의 공통된 주제를 다루었기 때문이 아닌가 생각됩니다.

　'전쟁'에서 사용되는 갖가지 전략 전술들은 오늘날 기업의 경영 전략에도 많은 참고가 될 수 있습니다. 그리고 오늘날 중국시장만큼 손자병법의 전술 전략이 잘 맞아떨어지는 곳도 없을 것입니다.

::: 중국시장은 현대의 '춘추전국시대'

중국의 개혁 개방 이후, 중국시장은 한마디로 고대 중국의 '춘추전국시대'와 같이 치열한 경쟁 속에 발전하고 있습니다. 세계 각국의 대표적인 선진 기업들은 중국의 개혁 개방 이후 일찌감치 중국시장에 자리를 잡기 시작했습니다.

글로벌 메이저 자동차 브랜드 중에서 중국에 공장과 판매 법인이 없는 기업이 없습니다. 중국 소비자를 대상으로 벌이는 세계 유수의 자동차 메이커들 간의 경쟁은 갈수록 치열해지고 있습니다.

우리나라의 대표적 수출 효자 품목인 휴대폰 시장은 어떠할까요? 노키아, 삼성, 모토롤라, 소니에릭슨, LG…… 이와 같은 세계 주요 메이커들의 현지화 전략과 시장 주도권 다툼은 지켜보는 것만으로도 흥미진진한 일입니다.

노트북, 프린터, 텔레비전, 냉장고, 세탁기 등등 주요 전자 제품의 경우, 보통 10여 개 이상의 브랜드가 중국시장에서 각축을 벌이고 있습니다. 이곳에서는 시장점유율 10%만 넘어도 선두권에 속하게 됩니다.

::: '경쟁사 벤치마킹'은 필수 코스

경쟁이 치열한 만큼 경쟁사 분석이나 경쟁사 벤치마킹 같은 전략은 중국시장에서 아주 중요한 부분을 차지합니다. 특히 중국 진출이 상대적으로 늦은 후발 업체의 경우, 선진 기업 벤치마킹을 통해 많은 시행착오를 줄일 수 있습니다.

한 곳에서 오랫동안 사업을 영위하는 경우라면, 경쟁사 간에 서로 많은 정보를 공유하고 있을 것입니다. 하지만 신규 시장에 진입하는 경우, 그것도 언어도 다르고 문화도 다른 시장에서 새롭게 사업하는 경우라면, 효과적인 시장 정보 입수는 사업에 절대적인 영향을 미치게 됩니다.

만일 어느 정도 규모를 갖추고 중장기적으로 중국시장에 투자하는 경우라면, 시행착

오를 줄이며 빠른 시간에 시장 선두 주자를 따라잡기 위한 '경쟁사 벤치마킹' 전략은 중국 비즈니스 전략의 필수 코스라 할 수 있습니다. 상대를 알고 나를 아는 것은, 오래전 '손자'의 말처럼, 중국 투자를 위태롭지 않게 할 것입니다.

::: **7.1** 시장 판도 살펴보기

2000년 이전까지만 해도 중국시장의 많은 영역에서 외국계 브랜드가 압도적으로 시장을 점유하고 있었습니다. 그러나 점차적으로 중국 로컬 기업들이 정부의 지원과 본토의 이점을 힘입어 빠르게 성장하게 되었습니다.

초기에 글로벌 기업들은 프리미엄 이미지를 기반으로 고가(高價) 시장 위주로 사업을 전개하였습니다. 반면, 로컬 기업들은 가격 경쟁 우위를 기반으로 저가(低價) 시장에서 빠르게 사업을 확장해 왔습니다.

그러나 지금은 점점 많은 영역에서 글로벌 브랜드와 로컬 브랜드가 만나고 있습니다. 글로벌 기업들은 빠르게 성장하고 있는 중국의 저가(低價) 시장으로 사업영역을 확장하고 있고, 로컬 기업들은 그동안 쌓은 역량을 기반으로 프리미엄 시장으로 진출하고 있습니다.

앞으로 중국시장에서는 점차 글로벌 브랜드와 로컬 브랜드의 경계선이 줄어들 것으로 보입니다. 글로벌 기업과 로컬 기업 모두 점점 전면적인 경쟁을 펼치게 될 것입니다.

::: 저가 시장이 클수록 로컬 기업 우세

〈그림 7-1〉은 중국 세탁기 시장에서 글로벌 기업과 로컬 기업의 시장 점유 비중을 보여주고 있습니다.

그래프 위쪽의 검은색 부분은 글로벌 기업들의 시장점유율입니다. 중국 세탁기 시장

에는 히타치, LG, 파나소닉, 삼성, 산요, 지멘스, 월풀 등 7개의 주요 글로벌 브랜드가
있습니다. 이들 글로벌 기업의 시장점유율을 모두 합산해보면, 중국 전체 시장 기준으로
약43% 정도가 됩니다.

이를 5대 주요 도시별로 구분해보면, 베이징(45%)과 광저우(49%)의 경우, 글로벌 브
랜드의 시장 점유 비중이 시장 평균보다 다소 높은 편이고, 상하이(38%)와 청두(35%)의
경우, 시장 평균보다 다소 낮은 편인 것을 알 수 있습니다.

한편, 중국 로컬 기업으로는 하이얼, 리틀 스완(중국어로는 '샤오티엔어'), 롱스다,
TCL 등 4개의 주요 기업과 다수의 기타 브랜드가 있습니다. 이들의 시장점유율을 모두
합산하면 약 57%가 됩니다. 각 지역별로 보면, 조금씩 차이가 있지만 대체적으로 로컬
기업들의 시장점유율이 좀 더 높게 나타나고 있습니다.

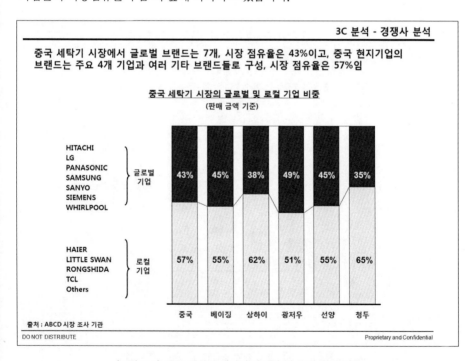

〈그림 7-1〉 중국 세탁기 시장의 글로벌 및 로컬 기업 비중

이는 중국의 경제 성장과 더불어 가구당 세탁기 보급률이 높아지면서 저가(低價) 시장이 빠르게 성장했기 때문입니다. 즉, 가격 경쟁 우위를 가지고 있는 로컬 기업에게 시장 환경이 더 유리하게 작용했다고 할 수 있습니다.

::: 16개 브랜드가 경쟁하는 LCD TV 시장

〈그림 7-2〉는 중국 LCD TV 시장에서 로컬 기업과 글로벌 기업의 시장점유 비중이 어떻게 변화하고 있는지 보여주고 있습니다. 시장점유율을 놓고 보면, 〈그림 7-1〉의 세탁기 시장과 비슷하게 로컬 기업이 글로벌 기업보다 조금 더 많은 시장을 차지하고 있습니다.

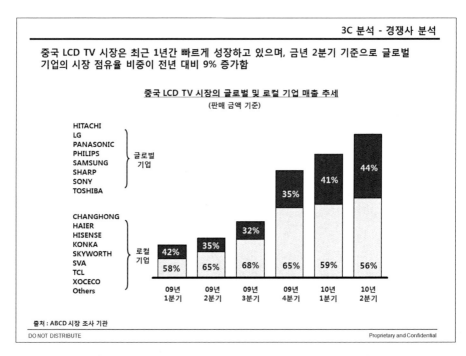

〈그림 7-2〉 중국 LCD TV 시장의 글로벌 및 로컬 기업 매출 추세

그런데 1년간의 변화 추세를 살펴보면, 글로벌 기업의 비중이 조금 더 높아진 것을 알 수 있습니다.

세탁기 시장의 경우, 저가 시장이 빠르게 확대되어 로컬 기업에 더 유리했지만, LCD TV의 경우는 화면 사이즈의 대형화 추세에 따라 제품의 대당 평균 판매 가격이 점점 높아져서 글로벌 기업에게 더 유리하게 작용했기 때문입니다.

다시 말하면, 스크린 사이즈의 대형화와 제품의 고급화 추세 속에서 상대적으로 기술력이 뛰어나고 고가(高價) 제품에서 경쟁력이 있는 글로벌 브랜드가 중국의 LCD TV 시장에서 더 큰 영향력을 발휘한 것으로 보입니다. 중국 LCD TV 시장에는 글로벌 브랜드가 8개, 로컬 브랜드가 8개로 총 16개의 주요 브랜드가 상호 경쟁하고 있습니다.

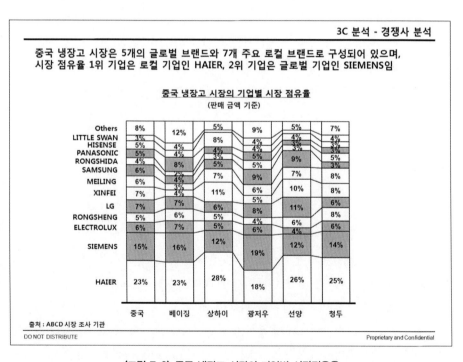

〈그림 7-3〉 중국 냉장고 시장의 기업별 시장점유율

::: 지속적인 성장, 두터운 소비자층

〈그림 7-3〉은 중국 냉장고 시장의 기업별 시장점유율을 보여주고 있습니다. 중국 냉장고 시장은 5개의 글로벌 브랜드와 7개의 주요 로컬 브랜드 그리고 다수의 기타 브랜드로 구성되어 있습니다.

그중에서 중국 로컬 기업이지만, 점차 세계적인 기업으로 성장해가고 있는 하이얼(Haier)이 23%의 시장점유율로 1위를 기록하고 있습니다. 다음으로 독일계 글로벌 기업인 지멘스(Siemens)가 15%의 시장점유율로 2위를 차지하고 있습니다. 흥미로운 것은 다수의 기타 브랜드들도 8%의 시장을 점유하고 있다는 점입니다.

치열한 경쟁 속에서도 이렇게 많은 브랜드가 생존할 수 있는 것은 중국시장이 빠르고 지속적으로 성장하고 있기 때문에 가능한 현상입니다. 또한 시장이 거대하여 지역별, 계층별로 각각 두터운 소비자층을 형성하고 있는 것도 주된 이유입니다.

중국시장에서는 이러한 군소 기타 브랜드들 중에서 효과적으로 기업을 운영하여 수년 후에는 주요 브랜드의 대열에 서는 기업들도 나올 수 있습니다.

::: 7.2 경쟁사 5P 분석하기

본격적으로 경쟁사 벤치마킹 조사를 시작하게 되면, 일반적으로 5P 분석을 하게 됩니다. 5P 분석이란 제품(Product), 가격(Price), 유통 채널(Place), 판매 활동(Promotion)으로 구성되는 마케팅 4P(마케팅 믹스)와 이에 더하여 마케팅 및 영업 관련 조직(organization)을 분석하는 것입니다. 여기서 '조직'은 다른 말로 하면, '사람(People)'이기 때문에 이를 합쳐서 5P 분석이라 부릅니다.

일반적으로 5P 분석 중에서 조직 분석을 제일 먼저 하게 됩니다. 조직 분석의 결과는 각 부서의 역할과 책임이 구체적으로 명시된 조직도(organization chart) 형태로 나옵니다. 이를 통해 경쟁사의 전반적인 상황을 파악할 수 있고, 자사와의 차이점을 한눈에 볼 수 있습니다.

그러고 나서 제품(Product) 분석부터 시작하여 가격(Price), 유통 채널(Place), 판매 활동(Promotion) 등 4P 분석을 수행하는데, 경쟁사 5P 분석의 실제 사례는 8장에서 12장까지 살펴볼 수 있습니다.

::: 7.3 경쟁사 추가 분석하기

경쟁사 벤치마킹 조사에서는 조직도와 마케팅 4P 분석 외에도 마케팅 전략과 관련하여 다양한 부분을 분석할 수 있습니다. 예를 들면, 다음과 같습니다.

- 물류 관리
- 애프터 서비스(After-sales service)
- 가치 사슬 분석(Value chain analysis)
- 핵심 경쟁력 분석

중국시장과 소비자는 거대한 지역에 넓게 분포되어 있습니다. 따라서 비용을 절감하고 효과적인 고객만족 서비스를 제공하기 위해서는 물류 관리나 애프터 서비스 같은 지원 조직의 역할이 매우 중요합니다.

또한 경쟁사의 비용 및 가치 창출 구조를 파악하는 가치 사슬 분석을 통해 자사의 운영 관리에 유용하게 참조할 수 있습니다.

경쟁사 조사 결과를 통해 경쟁사의 핵심 경쟁력을 분석하고 이를 토대로 자사에 적용할 수 있는 벤치마킹 포인트를 도출해볼 수도 있습니다. 이러한 분석 결과는 마케팅 전략 수립을 위한 가이드라인으로 활용할 수 있습니다. 경쟁사 추가 분석에 대한 실제적인 사례는 13장에서 15장까지 살펴볼 수 있습니다.

8장

경쟁사 5P 분석: 조직(People)

경쟁사 5P 분석의 첫 번째는 '조직(People)' 분석입니다. '조직'은 사람으로 구성되어 있기 때문에 조직을 '사람(People)'으로 보고 전통적인 마케팅 4P에 더하여 '5P' 분석이라 부릅니다.

경쟁사 조직(People) 분석의 최대 가치는 경쟁사의 전반적인 역량과 상황을 한눈에 파악할 수 있다는 데 있습니다. 특히 중국시장에 진출한 외국 기업의 경우, 경쟁사의 조직 분석을 통해 자사의 조직 역량이 현재 어느 정도에 위치해 있는지 전반적으로 가늠해볼 수 있습니다.

중국시장은 지리적으로 넓고, 시장의 변화가 빠르며, 특히 유통이 발달되어 있습니다. 따라서 기업의 조직 구성 또한 지리적인 개념과 기능적인 구조가 서로 교차되어 있습니다.

경쟁사 조직 분석을 통해 조직이 어떻게 구성되어 있는지, 각 부서의 역할과 임무는 무엇이고 주요 부서의 인원 수는 얼마인지 등 경쟁사의 조직 편성을 알아보는 것은 마치 전투를 앞두고 적군의 규모와 전력 배치를 파악하는 것에 비유할 수 있습니다.

뿐만 아니라 경쟁사의 지역 거점을 파악하고, 조직 편성에 내포되어 있는 운영 전략을 알아보는 것은 중국시장에서 비즈니스를 계획하는 기업에게 많은 통찰력을 제공해줄 수 있습니다.

'조직(People)' 분석의 결과물은 대개 몇 장의 조직도로 간단하게 나옵니다. 그러나

이를 위해 실제로 경쟁사의 정보를 수집하고, 분석하고, 종합해서 한 장의 조직도를 완성하는 것은 그렇게 간단한 문제가 아닙니다. 여러 번의 심층 인터뷰를 통해 수집한 정보를 분류하고 종합해서 마치 퍼즐(puzzle)을 맞추는 방식으로 한 장의 조직도를 만들게 됩니다.

::: 8.1 경쟁사의 조직 구성 살펴보기

〈그림 8-1〉을 보면, 중국에서 IT 제품을 제조 및 판매하는 AAA사의 중국 사업 조직이 어떻게 구성되어 있는지 한눈에 살펴볼 수 있습니다. 본 프로젝트는 중국 진출 기업을 위한 기본적인 마케팅 전략 수립에 초점이 맞추어져 있기 때문에 마케팅 관련 부서는 검정색으로 별도 표기하였습니다.

먼저 AAA사의 마케팅을 기획하고 전략 수립을 총괄하는 곳은 '마케팅' 부서입니다. '마케팅' 부서는 시장 관리, 제품 관리, 마컴(Marcom) 관리의 기능을 수행하는 세 개의 팀으로 구성되어 있습니다.

'시장 관리팀'은 시장 조사, 소비자 분석, 각 지역별 영업 지원 등의 임무를 수행하며, 총 6명의 인원으로 구성되어 있습니다.

'제품 관리팀'은 연구개발 부서 및 생산 부서 간의 제품 사양 조율, 시장 공급가 책정, 제품 교육, 경쟁사 제품 분석 등의 임무를 수행합니다. 각 제품 매니저와 지원 인력을 포함하여 총 10명으로 구성되어 있습니다.

마컴(Marcom)은 마케팅 커뮤니케이션(Marketing Communication)을 줄인 말이며, '마컴 관리팀'은 기업 브랜드 및 제품의 광고와 홍보 임무를 수행합니다. 인원 수는 2명으로 구성되어 있습니다. 마컴 관리팀은 광고 대행사를 통해 대부분의 업무를 수행하기 때문에 인원 수가 많지 않습니다.

한편, AAA사의 '영업' 부서는 지역별로 구분되어 있습니다. 북부, 동부, 남부의 크게 3개 지역으로 나뉘어 있고, 각 지역은 다시 2~3개 지역으로 나누어져 있습니다.

베이징, 톈진 등의 대도시가 있는 '화북 영업팀'에는 총 15명의 인원이 배치되어 있습니다.

상하이와 장강 삼각주 지역을 포함하고 있는 '화동 영업팀'은 총 22명의 인원으로 가장 큰 영업 조직을 가지고 있습니다.

광저우와 선전을 중심으로 주강 삼각주 지역이 있는 '화남 영업팀'은 총 15명의 인원으로 구성되어 있습니다.

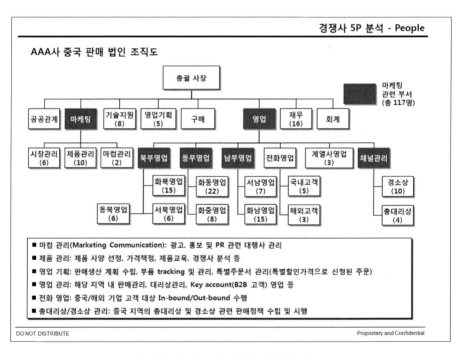

〈그림 8-1〉 AAA 사 중국 판매 법인 조직도

'채널관리' 부서는 총대리상(총판 대리상)이나 매장을 운영하는 경소상(retailer)을 관리하는 부서입니다. 중국은 지역이 광대하고 지역별 상권의 특성이 다르기 때문에 유통 대리상의 역할이 매우 중요합니다. '영업' 부서가 각 지역별로 유통 대리상과의 협력을 통해 직접 판매 활동을 수행하는 반면, '채널관리' 부서는 대리상 정책 수립, 대리상 평가 등 정책 집행 업무를 담당하고 있습니다.

조직의 전체적인 관점에서 보면, '영업' 부서는 수평적으로 유통 대리상과 협력하고, '채널관리' 부서는 수직적으로 유통 대리상을 관리하는 구조입니다. 따라서 AAA사의 영업 조직은 각 지역별 대리상을 거점으로 영업 부서와 채널관리 부서가 매트릭스(matrix) 형태로 연결된 조직 형태라 할 수 있습니다.

마지막으로 AAA사의 마케팅 관련 부서의 총 인원을 살펴보겠습니다. 마케팅 부서 18명, 북부 영업팀 27명, 동부 영업팀 30명, 남부 영업팀 22명, 채널 관리팀 14명 그리고 각 부서장 및 팀장 6명을 합하면 AAA사의 마케팅 관련 부서 총인원 수는 약 117명입니다.

::: **8.2** 경쟁사의 판매 전략 분석하기

〈그림 8-2〉를 보면, 중국에서 전자 제품을 제조 판매하는BBB사의 중국 판매 법인 조직도와 각 부서의 역할을 살펴볼 수 있습니다. 그런데 여기서 한 가지 특이 사항을 발견할 수 있습니다. 영업 본부가 3개로 나누어져 있는데, 지역에 따라 구분된 것이 아니라 유통 구조에 따라 구분되어 있다는 것입니다.

중국의 경우 일반적으로 지역에 따라 영업 부서가 구분되는 경우가 많으며, 제품별로 영업을 수행합니다. 그런데 BBB사의 경우, 지역을 구분하기에 앞서 유통 형태에 따라 영업의 최상부 조직인 영업 본부를 구분하였습니다. 이렇게 유통 형태에 따라 영업 조직을 구성하게 되면, 한 지역에 같은 제품을 영업하는 담당자가 2~3명 존재하게 됩니다. 이를 좀 더 구체적으로 설명하면 다음과 같습니다.

BBB사는 '양판점 영업'과 '지역 영업'을 구분하였습니다. 중국에서 '양판점'이란 가전제품을 전문적으로 판매하는 대형소매 연쇄점을 말합니다. 미국의 베스트 바이(Best Buy)나 한국의 하이마트 같은 곳입니다.

중국은 '궈메이'(Guomei), '수닝'(Suning) 같은 대형소매 연쇄점이 급속도로 성장하여 제조업체보다 더 강한 유통 파워를 소유하고 있습니다. 대도시의 경우, 80% 이상의 가전제품이 전문대형 소매점을 통해 판매되고 있습니다.

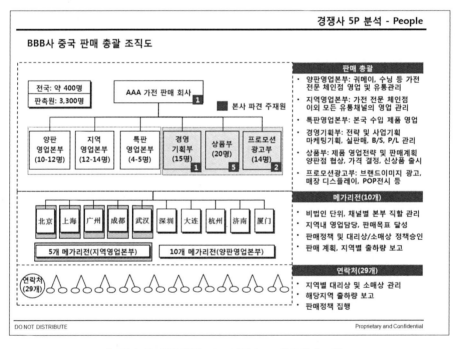

〈그림 8-2〉 유통 중심으로 조직된 BBB 사의 판매 조직도

따라서 제조업체의 경우, 이런 양판점(가전제품 전문 대형소매점)을 통해 제품을 공급하는 것이 중요하면서도 여간 까다로운 일이 아닙니다.

BBB사는 중국시장의 이런 특성을 감안하여 양판점 영업과 비(非)양판점 영업을 구분한 것입니다. 비양판점 영업은 〈그림 8-2〉의 조직도에서 '지역 영업'으로 표현되어 있습니다. '지역 영업'은 양판점이 아닌 기존 일반 대리상을 통해 중소 규모의 개체 매장에 제품을 공급함으로써 이들 소매 채널을 통해 제품을 판매하는 영업 부서를 말합니다.

따라서 BBB사의 베이징 영업 지사에 가면, BBB사의 같은 제품(예: 냉장고)을 영업하지만, 2명의 영업 매니저(manager)가 각각 유통 채널별로 별개로 영업 활동을 하고 있습니다.

먼저 베이징에 있는 궈메이(Guomei)와 수닝(Suning) 같은 '양판점(가전제품 전문 대형소매점)'을 상대로 냉장고와 세탁기 등 백색 가전 제품을 영업하는 '양판 영업 매니저'가 있습니다. 그리고 또 한 사람은 베이징 지사에서 관할하는 화북지역의 비(非)양판점을 대상으로 냉장고와 세탁기 등 백색 가전 제품을 영업하는 '지역 영업 매니저'입니다.

그러므로 BBB사의 베이징 지사는 동일한 제품을 취급하고 동일한 물류와 서비스 지원 조직을 가지고 있지만, 유통 형태별로 두 명의 영업 매니저가 있는 것입니다. 이는 '제품'이 아니라 '유통' 중심으로 조직을 운영하는 BBB사의 마케팅 전략을 보여주는 것입니다.

::: 8.3 경쟁사의 지역 거점 파악하기

〈그림 8-3〉은 BBB사의 3개 영업본부 중에 '지역영업본부'를 좀 더 상세하게 분석한 조직도입니다. 중국의 '양판점(가전제품 전문 대형소매점)'의 경우 대도시 위주로 매장을 가지고 있기 때문에 이를 상대로 제품을 공급하는 BBB사의 '양판영업본부' 조직은

비교적 단순합니다. 10개의 주요 대도시에 영업 거점을 두고, 해당 대도시 위주로 영업을 관리하면 되기 때문입니다.

반면, 지역영업본부는 중국 전역에 흩어져 있는 대리상과 중소 규모의 개체 매장을 대상으로 제품을 공급하기 때문에 지역 커버리지(coverage)가 매우 중요합니다. 따라서 조직도 분석을 통해 주요 지역 거점은 어느 곳에 위치하고 있으며, 각 지역 거점에서 어떤 성(省)과 도시를 관리하고 있는지 파악할 수 있습니다.

〈그림 8-3〉을 보면, BBB사는 중국 전역을 5개 권역 (Mega Region)으로 구분하고 있습니다. 또한 각 권역별로 주요 대도시를 지역 거점으로 두고 있습니다. (화동 지역은 상하이, 화북 지역은 베이징, 화남 지역은 광저우, 동북 지역은 다롄, 대서부 지역은 청두

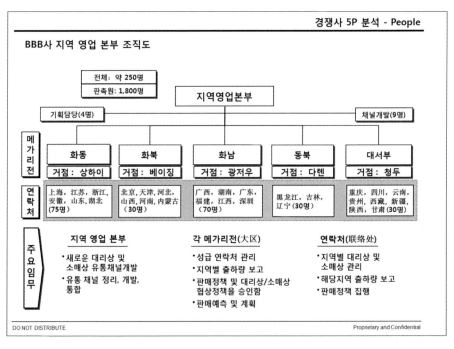

〈그림 8-3〉 BBB 사 지역 영업 본부 조직도

입니다.)

그리고 각 지역 거점별로 3~8개의 연락처(일종의 영업 사무소)를 각 성(省)에 설치해 두고 있습니다. 또한 각 지역 거점별 영업 담당 인력 수도 볼 수 있는데, 화동 지역과 화남 지역이 70여 명으로 비교적 많은 인력이 배치되어 있음을 알 수 있습니다.

9장

경쟁사 5P 분석: 제품(Product)

경쟁사의 제품(product)을 분석하는 방법은 다양합니다. 왜냐하면 제품 또는 서비스 라인은 비즈니스의 가장 중심에 놓여 있기 때문에 이것을 분석하는 목적 또한 다양하기 때문입니다.

예를 들면, 아래와 같은 목적으로 경쟁사 제품을 분석해볼 수 있습니다. (여기서 제품은 업종에 따라 '제품'이 될 수도 있고, '서비스'가 될 수도 있습니다. 시스템 통합 업체, 시장 조사 기관, 광고 대행사 등과 같이 서비스를 제공하는 기업은 서비스가 곧 제품이 됩니다.)

■ **R&D(연구개발)를 목적으로 특정 제품을 분석하는 경우**

　－ 경쟁사 제품의 기능, 성능, 특허, 신기술, 부품 구성, 부품 단가 등

■ **경쟁사의 생산 역량을 알아보기 위해 조사하는 경우**

　－ 생산 방식, 규모, 제조 라인 현황, 생산 단가, 부품 공급처 등

■ **마케팅 전략을 수립하기 위해 경쟁사 제품을 분석하는 경우**

　－ 브랜드 인지도, 출시 모델 및 수량, 제품 포지셔닝, 가격 등

이 중에서 본 프로젝트의 조사 목적은 '마케팅 전략을 수립하기 위해 경쟁사 제품을 분석하는 경우'에 해당합니다. 따라서 아래와 같이 몇 가지 형태로 경쟁사 제품을 분석해볼 수 있습니다.

::: 9.1 브랜드 인지도 조사

마케팅의 관점에서 제품을 볼 때, 가장 우선적으로 보는 것이 '브랜드 인지도'입니다. 브랜드 인지도는 특정 제품이 시장에서 어떤 위치를 차지하고 있는지, 소비자의 마음에 어떤 이미지로 각인되어 있는지를 가장 단적으로 보여주는 지표입니다.

따라서 기업 입장에서도 제품의 브랜드 인지도를 높이기 위해 다양한 방식으로 광고와 홍보 활동을 계획하며, 이를 위해 많은 투자를 하게 됩니다. 또한 시장 조사 기관에서는 제품의 브랜드 인지도를 조사하기 위해 다양한 기법을 사용하고 있습니다. 최초 상기도(Top of mind awareness), 보조인지도(Aided awareness), 비보조인지도(Unaided awareness) 같은 용어가 브랜드 인지도 조사를 위해 사용되는 용어입니다. 이와 같은 방식은 일종의 '브랜드 인지도 지표'를 개발하기 위한 전문적인 브랜드 조사라고 할 수 있습니다.

한편, 전문적인 브랜드 인지도 조사 외에도 일반적인 소비자 조사를 통해 간단하게 브랜드 인지도를 알아보는 방법도 있습니다. 이는 소비자 조사를 실시할 때 조사의 설문 항목에 브랜드 관련 부분을 포함시키는 방식입니다. 예를 들어 설명하면, 다음과 같습니다.

'6장 B2C 고객 조사'에 나오는 B2C 조사 도구 중에서 CLT나 갱서베이(Gang Survey) 같은 조사 방식이 있습니다. 이들 조사 방식은 일반적으로 소비자의 제품 선호 기능과 비(非)선호 기능, 제품의 니즈(needs) 파악, 구매 결정 요소(KBF, Key Buying Factors) 등을 조사할 때 사용하는 방법입니다.

여기에 추가적으로 브랜드 선호도 항목을 조사 설문지에 추가시킬 수 있습니다. 〈그림 9-1〉의 조사 결과는 CLT 조사를 수행할 때, 브랜드 관련해서 두 가지 질문을 포함시킴으로써 소비자의 브랜드 인지도를 알아본 사례입니다.

첫 번째 질문은 "현재 보유하고 있는 냉장고의 브랜드는 무엇입니까?"라는 질문입니다. 이에 대한 대답은 각 제품의 현재 시장점유율과 동일한 결과를 나타낼 것입니다. 하지만 시장 조사 기관에서 발표하는 시장점유율의 통계 데이터는 일정 시간이 지나야 알 수 있습니다. 반면, 이와 같은 소비자 조사를 통해서는 개략적이지만 비교적 간단하게 현 시점의 브랜드 점유율을 확인해볼 수 있습니다.

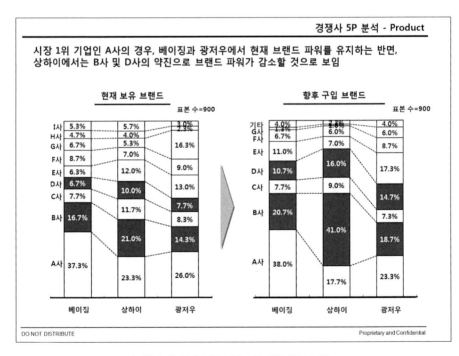

〈그림 9-1〉 현재 보유 브랜드와 향후 구입 브랜드

두 번째 질문은 "향후 냉장고를 구입하게 될 때, 어떤 브랜드를 선택할 생각입니까?"라는 질문입니다. 이러한 질문을 통해 현재 소비자들의 브랜드 인지도를 측정해볼 수 있습니다. 첫 번째 질문이 과거의 브랜드 파워를 보여주는 것이라면, 두 번째 질문은 현재부터 미래의 브랜드 파워를 보여주는 것입니다.

물론 브랜드 인지도가 소비자의 실제 구매와 동일한 결과를 가져오는 것은 아닙니다. 실제 구매는 브랜드 외에도 적합한 제품 사양, 가격, 판촉 활동 등 다양한 요소가 복합적으로 작용한 결과입니다. 그럼에도 불구하고 브랜드 인지도가 높다는 것은, 즉 '향후 보유 브랜드'의 선호도가 높게 나온다는 것은 해당 기업에게 있어서 앞으로 판매 활동을 추진할 때 여러 면에서 유리한 것임에는 분명합니다.

〈그림 9-1〉을 보면, 중국시장에서 시장점유율 1위 기업인 A사는 베이징과 광저우에서는 현재의 브랜드 파워를 유지할 것으로 보이지만, 상하이에서는 B사에게 뒤처지고 있음을 볼 수 있습니다.

B사는 베이징, 상하이, 광저우 3대 도시에서 모두 브랜드 인지도가 높아지는 추세입니다. 특히, 상하이 같은 경우, 브랜드 인지도가 2배가량 상승하였습니다.

D사의 경우도, 3대 도시에서 모두 브랜드 인지도가 상승한 것을 볼 수 있습니다.

〈그림 9-1〉의 조사 결과에서는 그 이유가 나타나지 않지만, B사와 D사 모두 효과적으로 브랜드 인지도를 높이고 있다는 사실을 알 수 있습니다. 이것이 광고를 통해서든 기존 판매 제품에 대한 소비자의 좋은 평가에 의해서든 제품의 브랜드 파워가 많이 상승한 것을 알 수 있습니다. 이는 향후 제품 판매에도 상당히 긍정적으로 작용할 것으로 예상할 수 있습니다.

〈그림 9-2〉는 중국 노트북 시장에서 주요 경쟁사인 AAA사의 제품을 가격대, 제품 시리즈, 제품 전략 등의 정보를 바탕으로 포지셔닝(positioning)해본 것입니다. AAA사의 노트북은 제품 전략에 따라 크게 3가지로 구분되어 있습니다.

먼저 VX시리즈는 제품의 브랜드 이미지를 제고하기 위한 목적으로 기획되었습니다. 7개의 제품 모델이 있으며, 각각 다양한 색상과 독특하고 고급스러운 재질을 사용하여 제품을 차별화하고 있습니다. 제품 가격대는 중저가(中低價) 제품에 비해 3~4배 이상으로 높게 책정되어 있습니다.

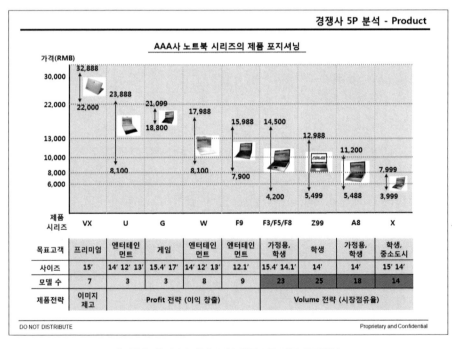

경쟁사 5P 분석 - Product

AAA사 노트북 시리즈의 제품 포지셔닝

제품 시리즈	VX	U	G	W	F9	F3/F5/F8	Z99	A8	X
목표고객	프리미엄	엔터테인먼트	게임	엔터테인먼트	엔터테인먼트	가정용, 학생	학생	가정용, 학생	학생, 중소도시
사이즈	15'	14' 12' 13'	15.4' 17'	14' 12' 13'	12.1'	15.4' 14.1'	14'	14'	15' 14'
모델 수	7	3	3	8	9	23	25	18	14
제품전략	이미지 제고	Profit 전략 (이익 창출)				Volume 전략 (시장점유율)			

〈그림 9-2〉 AAA 사 노트북 시리즈의 제품 포지셔닝

두 번째로 U, G, W, F9의 4개 제품 시리즈는 엔터테인먼트와 게임 기능을 강화하였습니다. 가격에 비교적 덜 민감하고 기능을 중시하는 소비자를 타깃(target)으로 출시되었습니다. 전략적으로 판매량보다는 판매 수익률에 더 중점을 두고 있습니다.

마지막으로 F3/F5/F8, Z99, A8, X 시리즈는 판매량(volume)을 높이기 위한 목적으로 기획되었습니다. 가격대는 중저가(中低價)이며, 모델 수도 가장 많습니다.

이와 같은 방식으로 경쟁사 제품을 포지셔닝해보면, 자사의 제품을 포지셔닝할 때 유용하게 활용할 수 있습니다.

∷ 9.3 용도와 용량에 따른 분석

〈그림 9-3〉은 경쟁사 BBB사의 시스템 에어컨 제품을 용도와 용량에 따라 매트릭스(matrix) 형태로 분류한 것입니다.

세로축의 제품 용도 구분은 가정용이냐 상업용이냐, 단독 설치형이냐 다수(multi) 설치형이냐에 따라 구분되어 있습니다.

가정용 멀티(multi) 제품은 일반 주택용으로 여러 대의 에어컨을 설치할 수 있는 시스템 에어컨 제품입니다.

BAC는 상업용 건물에 단독으로 설치하는 에어컨 타입이며, VRV는 상업용 건물에 다수(multi)의 에어컨을 설치하는 타입의 제품입니다.

수랭식 중앙공조 제품은 BBB사에서 생산하지 않는 것으로 조사되었습니다.

한편, 가로축은 용량에 따라 제품을 분류한 것입니다. BBB사는 1마력부터 최대 48 마력까지의 제품을 갖추고 있습니다. 그리고 각 용도에 따라 각각 다양한 용량의 제품군이 있습니다.

예를 들어, 가정용 멀티 제품의 경우 2마력에서 4마력까지 총 5개 제품군이 있으며,

BAC는 1마력부터 6마력까지 총 60개의 제품군이 있습니다. 이를 볼 때, BAC가 소(小) 용량 제품군에서 BBB사의 주력 제품임을 알 수 있습니다.

VRV의 경우, 주로 대(大)용량 위주이며, VRV2는 총 50개의 제품군을 보유하고 있어 BBB사의 주력 제품임을 알 수 있습니다.

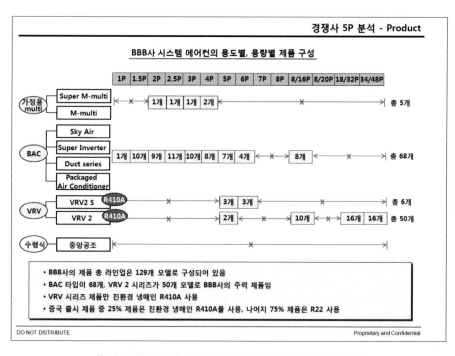

〈그림 9-3〉 BBB 사 시스템 에어컨의 용도별, 용량별 제품 구성

경쟁사 5P 분석: 가격(Price)

마케팅의 중심에 '제품'(product)이 있다고 한다면, '가격'(price)은 시장에서 그 제품의 위치를 나타내주는 지표라고 할 수 있습니다. 제품의 '브랜드' 역시 특정 제품 또는 기업의 위상을 나타내주는 지표가 되지만, 이는 소비자의 마인드에 각인된 일종의 이미지이며 다소 추상적인 개념이라 할 수 있습니다. 반면, '가격'은 실제로 제품이 판매되는 현장에서 구체적인 숫자로 표현되는 제품의 가치입니다.

중국시장은 경쟁 브랜드도 많고, 소비자 집단도 다양하고 두터우며, 시장의 변화가 빠른 것이 특징입니다. 한국시장의 경우, 유력한 우승 후보 두세 명이 각축하는 형국이라면, 중국시장은 10여 명 이상의 선수들이 앞서거니 뒤서거니 하면서 치열하게 경쟁하는 형국입니다. 따라서 시장의 여러 가지 변수에 따라 '가격' 또한 변화가 많습니다.

::: 10.1 가격 전략의 3가지 변수

가격 책정과 가격 전략 수립을 위해 일반적으로 제품 주기, 경쟁사 정보, 소비자 요인과 같은 변수를 고려합니다.

가격 전략에 '제품 주기'(product life-cycle)를 고려한다는 것은 자사의 신제품 출시와 기존 제품의 재고 처리 일정을 함께 고려해서 가격을 조정한다는 의미입니다.

예를 들어 설명하면, 다음과 같습니다. 신제품 출시를 2개월여 앞두고 있는 AA2라는 제품이 있습니다. AA2는 기존 AA1 모델과 같은 제품 시리즈로 일부 기능과 디자인을 업그레이드 한 제품입니다. 따라서 제조사는 AA2 모델을 출시하기 전에 기존 AA1 제품의 재고를 모두 소진시키려 합니다.

이를 위해 우선 각 지역별 매장에 흩어져 있는 AA1의 재고량을 파악해봅니다. 재고가 많이 남아 있다면, 좀 더 빠른 시기에 가격 할인(discount) 판매를 시작하여 AA2 출시 전에 재고가 소진되도록 합니다. 가격 할인율과 할인 시점도 AA1의 재고량과 할인 판매에 대한 시장 반응에 따라 조정하게 됩니다.

한편 신제품 AA2는 AA1의 판매 현황과 가격에 대한 소비자 반응을 참고하여 출시 가격을 책정하게 됩니다.

'경쟁사 정보'는 경쟁사 동종 제품의 가격 정보를 말합니다. '제품 주기'가 자사에서 계획하고 통제할 수 있는 예측 가능한 변수라고 한다면, '경쟁사의 신제품 출시 시점과 가격 정보'는 예측하기가 어려운 변수입니다.

따라서 경쟁사의 가격 전략을 자사 제품의 가격 책정과 마케팅 활동에 반영하기 위해서는 경쟁사 정보를 수시로 모니터링(monitoring)해야 합니다.

경쟁사 가격 정보는 제품 모델별로 현 시점의 가격을 조사하는 방식과 3개월, 6개월, 1년 단위로 시장 평균 가격을 분석하는 방식이 있습니다.

현 시점의 가격 비교를 통해서는 시장에서 경쟁사와 자사 제품의 현 위치를 파악해볼 수 있으며, 일정 기간의 시장 평균 가격 분석을 통해서는 전반적인 시장 추세를 파악할 수 있습니다.

일반적으로 현 시점의 가격 정보는 매장 판촉사원이나 영업 사원을 통해 직접 조사하며, 시장 평균 가격 분석은 외부 조사 기관의 자료를 활용하거나 프로젝트 형태로 외부에 의뢰하는 경우가 많습니다.

'소비자 요인'으로는 경제 상황에 따른 소비자의 구매력과 자사 제품에 대한 소비자의 반응과 같은 정보가 있습니다.

소비자 구매력은 경제 상황에 따라 전반적으로 시장에 영향을 미치는 환경적인 요인입니다. 경제 상황이 좋으면 중고가(mid-to-high end) 시장이 커지는 경향이 있고, 반대로 경제 상황이 나쁘면 고가(high end)와 중저가(mid-to-low end) 시장으로 이분화되는 경향이 있는 것과 같은 현상을 말합니다.

한편 자사 제품에 대한 소비자의 반응은 별도로 조사하기 보다는 일련의 마케팅 활동 과정에서 피드백(feedback)으로 주어지는 정보입니다. 이는 신제품의 가격 책정(pricing)과 기존 제품의 가격 할인(discount) 정책에 참고로 활용할 수 있습니다.

그러면 위의 3가지 요인 중에서 경쟁사 분석과 직접적으로 연관이 있는 경쟁사의 가격 분석에 대한 사례를 살펴보도록 하겠습니다.

::: 10.2 현 시점 가격 조사를 통해 위치 파악하기

〈그림 10-1〉을 보면, 중국 LCD TV 시장에서 선두권을 놓고 경쟁하는 A사와 B사의 가격 비교 정보가 나타나 있습니다.

A사는 유명한 글로벌 기업으로 브랜드 파워 면에서 최상위권에 속하는 일본계 기업입니다.

반면, B사는 저렴하면서도 품질이 나쁘지 않으며, 제품 라인업(line-up)을 풍부하게 갖춘, 중국시장에서는 역시 1위 자리를 놓고 경쟁하는 중국 로컬 기업입니다.

이들 두 기업의 제품 라인업을 가격과 스크린 사이즈를 기준으로 〈그림 10-1〉과 같이 비교해보았습니다.

먼저 A사는 50인치 이상의 대형 스크린 제품을 3종이나 출시하고 있습니다. 또한 4개 모델이 RMB 20,000 위안 이상의 고가 제품입니다.

반면, B사는 20인치 이하의 소형 스크린 제품을 3종 출시하고 있습니다. 이를 볼 때, 중국시장에서 A사와 B사의 제품 포지셔닝은 가격 비교를 통해 명확하게 나타나고 있습니다.

A사는 프리미엄 이미지와 기술력으로 시장을 선도하는 글로벌 브랜드입니다.(LCD TV 시장에서는 대형 패널 제조 능력이 곧 기술력입니다.)

반면, B사는 믿을 만하고 가격 대비 성능이 우수한 제품을 풍부히 갖춘 중국시장의 토종 브랜드입니다.

만일 이들 두 기업과 경쟁하는 한국계 진출기업 C사가 있다고 합시다. C사는 중국시장에서 일단 A사와 전면적으로 경쟁해야 할 것으로 보입니다. 또 한편으로는 시장이 빠

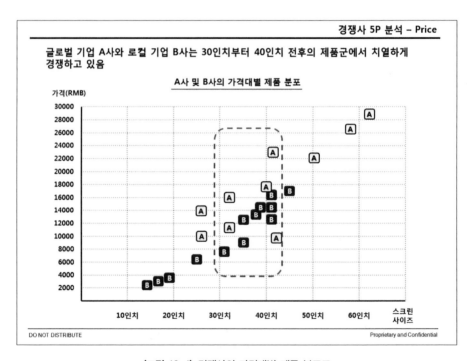

〈그림 10-1〉 경쟁사의 가격대별 제품 분포도

르게 확대되고 있는 중저가(中低價) 시장에서 B사와 어느 수준까지 경쟁할지 검토해야 할 것입니다. 그리고 무엇보다 중요한 것은 시장 규모가 제일 크고 경쟁이 가장 치열한 제품군인 30인치부터 40인치 전후 제품의 가격 전략일 것입니다.

이때 C사는 A사와 B사의 가격대별 제품 분포도를 통해서 자사 제품의 해당 모델을 어느 위치에 포지셔닝(positioning)할 것인지 결정하게 됩니다.

이와 같은 현 시점 가격 분포도는 일주일에 한 번 정도, 성수기에는 주당 2~3회 정도 업데이트하여 경쟁사의 가격 동향을 모니터링하고 자사 제품의 가격 전략에 반영하게 됩니다.

::: 10.3 평균 가격 분석을 통해 시장 추세 살펴보기

〈그림 10.2〉를 보면, 중국 프린터 시장의 브랜드별 제품 가격이 나옵니다. 이는 특정 시점의 평균 가격을 3개월, 6개월, 1년 단위로 조사하여 상호 비교한 자료입니다. 이를 통해 시장의 전반적인 가격 동향과 경쟁사 제품의 가격 추세를 파악해볼 수 있습니다.

먼저 레이저 프린트의 시장 평균 가격을 보면, RMB 2,664 위안임을 알 수 있습니다. 그리고 경쟁사 중에 HP 제품의 평균 가격이 가장 높게 나타나 있습니다. 이는 HP의 전반적인 제품 가격이 높다는 의미일 수도 있고, HP 제품 가운데 고가(高價) 제품이 많다는 의미일 수도 있습니다.

반면, 최근 중국에 진출한 AAA사는 제품 평균 가격이 RMB 1,451 위안으로 비교적 낮게 나타나 있습니다. 이를 볼 때 AAA사는 중국시장 진출 초기에 프리미엄 전략을 선택하지 않고, 중저가(中低價) 위주의 보급형 제품으로 시장 입지를 구축하고자 하는 것으로 보입니다.

AAA사가 중국 프린터 시장에서 프리미엄(premium) 전략을 취하지 않는 이유는 무엇일까요?

그 이유는 프린터 제조 분야에서 높은 브랜드 이미지와 기술력을 확보한 글로벌 기업들이 이미 중국시장을 선점하고 있기 때문입니다. 또한 중저가(中低價) 보급형 시장이 중국에서 빠르게 확대되고 있는 것도 주요한 이유 중의 하나입니다. AAA사는 먼저 중저가(中低價) 시장에서 일정 수준의 판매 규모를 달성한 후, 이를 기반으로 점차적으로 특정 목표(target) 고객이나 기업 고객을 대상으로 고가(高價) 제품 전략을 펼 것으로 예상할 수 있습니다.

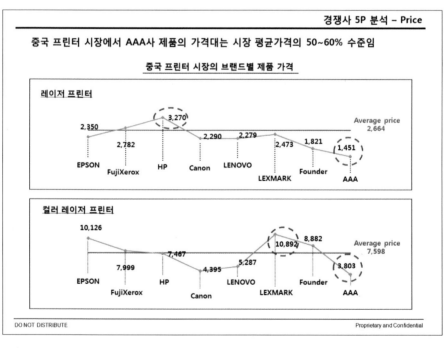

〈그림 10-2〉 중국 프린터 시장의 브랜드별 제품 가격

〈그림 10-3〉은 경쟁사의 가격 책정(pricing) 방식을 분석한 자료입니다. 시스템 에어컨 제조업체인 BBB사는 크게 두 가지 방식으로 가격을 책정하고 있습니다. 첫 번째는 수익률 기준의 가격 책정 방식이고, 두 번째는 시장 가격 기준의 가격 책정 방식입니다.

먼저 수익률 기준의 가격 책정 방식을 보면 다음과 같습니다.

BBB사는 전년도 동종 모델의 판매량과 현재 시장 상황을 고려해서 신제품 B2의 판매량이 1000대 정도 될 것으로 추정합니다. 만일 B2가 1000대 생산된다면, 제품 한 대당

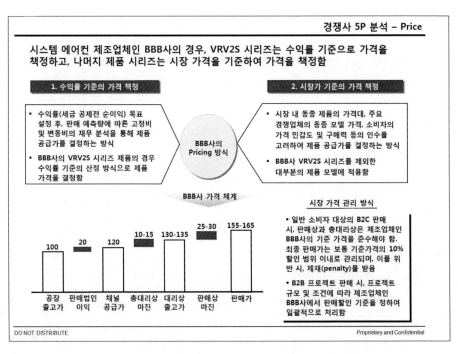

〈그림 10-3〉 BBB 사의 가격 책정(Pricing) 방식

소요되는 고정비와 변동비는 100 정도로 예상됩니다.(고정비와 변동비는 인건비, 원자재 구입비, 연구개발비, 마케팅비용, 운영관리비, 세금 등을 말합니다.) 그러면 BBB사는 제품 원가(고정비+변동비) 100과 자체 목표 수익률 20%에 따라 판매 마진(margin) 20을 더하여 제품 공급가를 120으로 책정합니다.

다음으로 제품 유통상인 총판 대리상은 제품 공급가 120과 자체 마진(margin)을 10~15 정도 추가하여 130~135의 가격으로 최종 판매상(소매상)에게 제품을 공급합니다.

마지막으로 최종 판매상은 자체 마진(margin) 25~30을 더하여 155~165의 소매가로 소비자에게 제품을 판매하게 됩니다.

다음으로 시장 가격 기준의 가격 책정(pricing) 방식을 보도록 하겠습니다. 시장 가격 기준의 가격 책정 방식은 일반적으로 가장 많이 활용되는 가격 책정 방식입니다.

우선 제품 원가와 자체 수익률을 기준 자료로 하고, 여기에다가 동종 제품의 시장 평균 가격대, 주요 경쟁업체의 동종 모델 가격, 소비자의 가격 민감도 및 구매력 등을 종합적으로 고려하여 최종적인 제품 공급가를 결정하는 방식입니다.

BBB사의 경우 VRV2S 시리즈 제품을 제외한 모든 제품에 대해 시장가격 기준의 가격 책정 방식을 활용하고 있습니다.

BBB사는 시장의 유통 질서와 일관된 판매 가격을 유지하기 위해 총판 대리상과 최종 판매상에게 엄격한 가격 기준을 제시하고 이를 관리하고 있습니다. BBB사의 기준 가격 범위를 넘어 과도하게 할인된 가격으로 제품을 판매하는 경우, 대리상 정책과 계약 조건에 따라 제재(penalty)하도록 하고 있습니다.

일반적으로 제재 방식은 벌금 부과, 판매지원금 축소 등이며, 위반 횟수가 많거나 사안이 중대할 경우, 대리상 권한을 박탈하기도 합니다.

11장

경쟁사 5P 분석: 유통 채널(Place)

중국 비즈니스는 한마디로 유통 비즈니스입니다. 시장이 거대하면서도 분산되어 있기 때문에 유통을 알아야 중국 비즈니스를 안다고 할 수 있습니다. 유통상들의 구매력(buying power)도 세계 여느 나라보다 큰 곳이 중국입니다.

예를 들면, 중국시장에서 '궈메이'(Guomei)나 '수닝'(Suning) 같은 유통 전문 기업들의 파워는 글로벌 제조업체나 중국 로컬 유명 제조업체들의 파워보다 큽니다. 이들은 제조업체로부터 제품을 먼저 공급받고, 대금은 3개월 또는 6개월 후에 지불합니다. 여기서 발생하는 현금을 활용하여 부동산이나 금융 상품에 재투자하는 방식으로 사업 영역을 확장하기도 했습니다.

::: 중국시장은 거대하면서 분산되어 있다

유통상의 파워가 클 뿐만 아니라 중국시장은 유통 구조 또한 매우 복잡합니다. 거대하면서 분산된 시장 특성으로 인해 '유통 대리상'의 종류 또한 다양합니다.

제조업체로부터 도매로 제품을 공급받아 소매 판매상들에게 공급하는 '총판 대리상'은 거대한 규모의 대기업들입니다. 이들은 중국 전역에 영업 거점과 물류 거점을 가지고 있으며, 이를 기반으로 제조업체로부터 제품을 구매하여 전국 각 지역에 유통시킵니다.

규모가 전국적인 총판 대리상도 있고, 일부 지역에 한정된 성급(省級) 총판 대리상도 있습니다.

총판 대리상으로부터 제품을 구매하여 최종 판매상에게 다시 판매하는 2차 대리상도 있습니다. 2차 대리상은 직접 여러 개의 소매상을 운영하는 최종 판매상의 역할을 겸하기도 하며, 영세한 소매상들에게 제품을 공급하기도 합니다.

유통의 제일 마지막 단계에 최종 판매상(retailer)이 있는데, 이들은 보통 상가나 IT 매장 같은 곳에 조그마한 매장을 운영하는 소매상들입니다.

커버리지(coverage)가 중국 전 지역에 미치는 총판 대리상은 그렇게 많지 않습니다. 제품군마다 보통 열 손가락에 꼽을 수 있을 정도입니다. 성급(省級) 대리상은 제품군마다 다른데, 보통 수십 개에서 수백 개 정도가 있습니다. '경소상'이라 불리는 최종 판매상(retailer)은 그 수가 셀 수 없이 많습니다. 제조업체와 정식 파트너십을 맺고 있는 인증 판매상만 해도 제품마다 수천 개가 있습니다.

::: 방대한 B2C 유통, 복잡한 B2B 유통

중국 B2C 비즈니스의 경우, 유통상의 숫자가 매우 많습니다. 따라서 수많은 유통상들을 체계적이고 효과적으로 관리하는 프로세스가 사업의 관건입니다.

반면, 중국의 B2B 비즈니스는 유통 구조가 매우 복잡하고 다양한 것이 특징입니다. 따라서 각각의 사업 유형에 따라 적합한 대리상을 발굴하고 이들과 효과적으로 협력하는 것이 관건입니다.

11장의 마케팅 사례에서는 B2C 위주의 유통 구조를 분석하고 이들을 관리하는 방식을 살펴보겠습니다. B2B 유통 채널에 대해서는 '7장 B2B 고객 분석'에서 몇 가지 사례를 볼 수 있습니다. 또한 '12장 경쟁사 5P 분석: 판매 활동(Promotion)'에서 상이한 각각의 유통 채널에 대한 B2B 영업 사례를 볼 수 있습니다.

총판 대리상은 제조업체로부터 도매로 제품을 공급받아 2차 대리상이나 최종 판매상에게 제품을 공급하는 역할을 합니다. 이들은 제조업체와 중국 전역에 흩어져 있는 수천 개의 최종 판매상 사이에서 가교(bridge) 역할을 한다고 할 수 있습니다.

보통 제품군마다 10여 개 안팎의 총판 대리상이 있으며, 이들은 여러 브랜드의 제품을 취급합니다. 중국에서는 제품마다 보통 10개 이상의 제조 브랜드가 있으니, 다수의 제조업체와 다수의 총판 대리상이 상호 거래하는 형태라고 볼 수 있습니다.

제조업체 입장에서 보면, 다수의 총판 대리상 중에 자사의 판매 전략을 더 잘 이해하고 자사 제품을 더 많이 공급하는 총판 대리상에게 많은 지원을 제공할 것입니다.

반면, 총판 대리상 입장에서는 더 많은 지원을 받을 수 있고 더 많은 이익을 남길 수 있는 제조업체와 협력 방식을 모색할 것입니다.

이와 같이 총판 대리상과 제조업체 간에 다수 대 다수로 거래하고 협력하다 보니 제조업체와 총판 대리상 간에 종종 갈등이 발생하기도 하며 협력 관계가 악화되기도 합니다.

따라서 중국 진출 기업에게 있어서 대리상을 효과적으로 관리하는 노하우(knowhow)야말로 중국 비즈니스를 성공으로 이끄는 지름길이라 해도 과언이 아닙니다. 이런 의미에서 대리상을 비즈니스의 '파트너'(partner)라 부르는 것은 매우 적절한 표현이라 할 수 있습니다.

::: **총판 대리상 채널과 직접 판매 방식**

〈그림 11-1〉은 중국에 진출한 지 20년 이상 된 프린터 제조업체 AAA사의 영업 조직 구조입니다.

AAA사는 전국적으로 4개의 총판 대리상을 가지고 있습니다. 이 중에서 A100이라는 총판 대리상이 제품의 40%를 공급하고, 나머지 3개의 대리상이 각각 14%, 20%, 26%의 제품을 공급하고 있습니다. 이들 총판 대리상은 AAA사의 관리 시스템에 접속하여 매월 판매량을 보고합니다. 이들이 보고한 판매량을 참고하여 AAA사는 제품 생산 및 공급 계획을 세웁니다. 또한 AAA사는 총판 대리상과 계약한 조건에 따라 판매 리베이트 (rebate)를 지급합니다.

총판 대리상은 자체적으로 관리하는 최종 판매상(retailer)을 대상으로 '판매상 대회' 나 '제품 기술 교육' 같은 마케팅 활동을 수행합니다. 이에 대해 제조업체인 AAA사는 마케팅 비용을 포함하여 필요한 지원을 제공하고 있습니다.

한편, AAA사는 총판 대리상을 통한 판매 외에도 일부 기업 고객을 대상으로 직접 제품을 공급하고 있습니다. 이는 글로벌 기업이나 중국 국영기업, 민간 대기업, 정부 기관

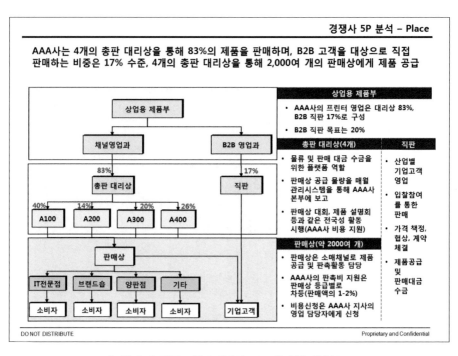

〈그림 11-1〉 중국 프린터 시장의 AAA 사 유통 채널 구조

을 상대로 총괄 구매나 입찰 구매 형태로 판매되는 제품입니다. AAA사는 이와 같은 직접 판매 비중을 17%에서 20%로 높이려는 목표를 가지고 있습니다.

::: 4개의 총판 대리상과 2,000개의 인증 판매상

AAA사의 4개 총판 대리상은 중국 전 지역에 흩어져 있는 2,000여 개의 판매상에게 제품을 공급하고 있습니다. 여기서 2,000여 개의 판매상은 AAA사에 정식 파트너 회원으로 인증된 최종 판매상(retailer)입니다. 이외에도 AAA사의 파트너십 인증을 받지 않은 영세 규모의 판매상들이 많이 있습니다.

AAA사 입장에서는 총판 대리상에게 제품을 공급하는 것으로 그치는 것이 아니라, 최종 판매상들이 자사 제품을 더 잘 판매하도록 지원하기를 원할 것입니다. 그러나 워낙 방대한 지역에 수많은 판매상들이 흩어져 있기 때문에 이들과 효과적으로 협력하기가 쉽지 않습니다. 따라서 AAA사는 2,000여 개의 판매상들을 몇 개의 등급으로 분류하여 관리하고 있습니다. 이에 대한 구체적인 관리 방식은 다음에 이어지는 '11.2 최종 판매상 관리하기'에서 살펴보도록 하겠습니다.

::: **11.2** 최종 판매상 관리하기

〈그림 11-2〉는 중국에서 노트북을 제조 판매하는 BBB라는 업체의 최종 판매상 관리 시스템입니다. BBB사는 〈그림 11-1〉의 AAA사와 유사한 형태로 다수의 총판 대리상에게 제품을 공급하며, 이들 총판 대리상은 다시 최종 판매상에게 제품을 공급합니다.

〈그림 11-2〉를 보면, BBB사는 중국 전 지역에 파트너십을 맺은 3,500개 정도의 인증 판매상을 가지고 있습니다. BBB사는 이들 최종 판매상들에게 직접 제품을 공급하지 않고, 총판 대리상을 통해 제품을 공급하지만, 실제로 최종 소비자에게 제품을 판매하는

것은 이들 최종 판매상들입니다.

따라서 최종 판매상의 마케팅과 영업을 효과적으로 지원하는 것은 BBB사의 매출 증
대와 직결되어 있습니다. 하지만 문제는 3,500개의 판매상은 직접 관리하기에 그 수가
너무 많다는 것입니다.

::: **최종 판매상 분류하기**

〈그림 11-2〉를 보면, BBB사는 3,500여 개의 최종 판매상을 3개 등급으로 분류하고
있습니다.

1등급인 프리미엄 파트너는 분기 판매량이 500대 이상이고, 고객 서비스 수준과 신용

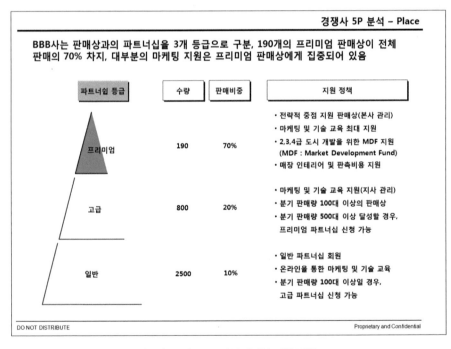

〈그림 11-2〉 BBB 사의 대리상 지원 정책

상태가 양호하며, BBB사의 교육 인증자를 9명 이상 보유할 때 신청 자격이 주어집니다.

2등급인 고급 파트너는 분기 판매량이 100대 이상이고, BBB사 교육 인증자를 6명 이상 보유할 때 신청 자격이 주어집니다.

그리고 3등급인 일반 파트너는 분기 판매량이 20대 이상이고, BBB사 교육 인증자를 3명 이상 보유할 때 신청할 수 있습니다.

BBB사의 일반 인증 파트너(3등급)는 중국 전 지역에 2,500여 개가 있습니다. 이들은 BBB사의 온라인 시스템에 접속하여 마케팅 및 제품 관련 자료를 다운로드(download) 받을 수 있습니다. 또한 온라인 시스템을 통해 교육, 자료 열람, 질문과 답변 등의 메뉴를 활용할 수 있습니다.

일반 인증 파트너는 분기 판매량이 100대 이상이 될 때, 고급 파트너 인증을 신청할 수 있습니다.

한편, BBB사의 고급 파트너 인증 판매상(2등급)은 중국 전 지역에 800여 개가 있습니다. 이들이 BBB사의 총 매출에 차지하는 비중은 약 20% 정도입니다. 고급 파트너 인증 판매상은 BBB사의 지역 영업 사무소에서 관리합니다. 또한 일정 부분의 마케팅 비용과 제품 기술 교육을 지원 받을 수 있습니다.

::: **선택과 집중 전략**

프리미엄 파트너(1등급)는 BBB사의 '핵심 판매상'(key retailer)으로, 중국 전역에 190개가 있습니다. 이들 중에는 연간 판매량이 1만 대 이상인 판매상들도 20개 이상 있습니다. 190개의 핵심 판매상들은 BBB사의 총 매출에서 약 70%의 비중을 차지하고 있습니다.

3,500여 개의 인증 판매상 중에 불과 190개의 판매상이 전체 매출의 70%를 차지하는 것입니다. BBB사의 마케팅 지원도 이들 핵심 판매상에게 집중되어 있습니다.

BBB사의 핵심 판매상인 190개의 프리미엄 파트너는 BBB사 본사에서 직접 관리합니다. 또한 시장이 빠르게 성장하는 2,3급 도시의 시장 개발을 위한 MDF(Market Development Fund, 시장개발기금) 지원을 받을 수 있습니다.

뿐만 아니라 새로 매장을 오픈할 때 인테리어 지원을 받으며, 다양한 형태의 판촉 비용을 지원받을 수 있습니다. 이와 같이 BBB사는 최종 판매상을 체계적으로 분류하고, '선택과 집중 전략'을 통해 효과적으로 관리하고 있음을 알 수 있습니다.

::: **11.3** 평가 및 인센티브 제도 만들기

유통 구조를 크게 보면, 제조업체→총판 대리상→최종 판매상으로 분류할 수 있습니다. 제조업체 입장에서는 보면, 이들 유통상들을 효과적으로 평가하고 지원하는 정책과 시스템이 필요할 것입니다.

〈그림 11-3〉에서는 중국시장에서 프린터를 제조 판매하는 CCC사의 유통 대리상 평가 및 인센티브 정책을 분석하였습니다.

::: 총판 대리상 평가: 구매, 실 판매, 영업 역량

먼저 CCC사는 총판 대리상을 마케팅 및 영업의 전반적인 협력 파트너로 인식하고 있습니다. 따라서 제품 판매뿐만 아니라 중국시장에서 CCC사와 공동으로 시장을 개발하고 유통 커버리지(coverage)를 확대하는 것을 목표로 합니다.

따라서 총판 대리상에 대한 평가 내용 또한 CCC사를 통한 제품 구매량, 실제 판매 실적, 지역 판매상 개발, 지역 커버리지(coverage) 등을 모두 포괄하고 있습니다.

CCC사는 이와 같이 매 분기마다 4개의 항목에 대해 총판 대리상을 평가하고, 그 결과에 따라 현금이나 리베이트(rebate) 방식으로 보상해 주고 있습니다.

::: 판매상과 판촉사원 평가: 실 판매량

최종 판매상과 매장 판촉사원의 평가는 최종 소비자에게 실제 판매된 판매 실적에 따라 이루어지고 있습니다. CCC사가 분기별로 지정하는 중점 제품을 판매할 경우 더 높은 인센티브를 제공하고 있습니다. CCC사는 분기별 또는 월별로 최종 판매상과 매장 판촉사원의 판매 실적에 따라 인센티브나 포인트 상품 형식으로 보상을 하고 있습니다.

최종 판매상과 판촉사원은 직접 관리하기에는 그 수가 너무 많기 때문에 이러한 업무는 모두 대행 업체나 온라인 시스템을 통해 수행합니다.

이와 같이 유통의 각 단계별로 효과적인 평가 및 보상 제도를 만들고, 이를 체계적으로 관리하는 것이 중국시장에서 성공하는 비결이라고 할 수 있습니다.

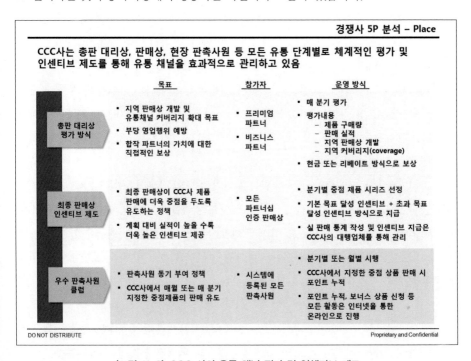

〈그림 11-3〉 CCC 사의 유통 채널 평가 및 인센티브 제도

경쟁사 5P 분석: 판매 활동(Promotion)

경쟁사 5P 분석의 마지막 단계는 '판매 활동(Promotion)' 분석입니다. 판매 활동은 기업의 관리팀을 기준으로 보면 가장 먼 곳에서 일어나는 활동이고, 소비자와 시장의 기준에서 보면 가장 가까운 곳에서 일어나는 활동입니다. 다시 말하자면, 판매 활동은 판매 현장 최일선의 소비자 접점에서 일어나는 마케팅 활동이라 할 수 있습니다.

중국시장은 판매 현장 최일선의 소비자 접점에서 벌어지는 '매장 내 마케팅'(In-Store Marketing)이 매우 중요한 곳입니다. 왜냐하면 중국 소비자들이 제품을 구매할 때, 이들은 매장에 가서 직접 보고, 듣고, 체험해본 후, 최종적으로 브랜드를 결정하는 성향이 매우 크기 때문입니다.

따라서 '매장 내 마케팅', 즉 판매 활동은 마치 야구의 마무리 구원투수처럼 소비자로 하여금 최종적으로 제품 선택을 결정하도록 만드는 역할을 합니다. 훌륭한 야구팀이 좋은 마무리 투수진을 보유하고 있듯이, 중국에서 마케팅을 잘하는 기업들은 한결같이 '매장 내 마케팅' 활동을 위해 일관적이고 체계적인 투자를 하고 있으며, 또한 우수한 판촉 사원을 배치하고 있습니다.

그렇다면, 중국의 B2B 비즈니스는 어떠할까요? B2B 마케팅의 경우도 최종 고객 접점의 중요성은 마찬가지입니다. 고객 기업의 최종 구매 담당자를 직접 만나 제품을 홍보하

고 좋은 관계(관시)를 구축하는 것은 제품이나 서비스 공급자의 영업 활동에 결정적인
역할을 합니다. B2C 마케팅과 차이점이 있다면, B2C는 소비자가 매장으로 찾아오는 반
면, B2B 마케팅은 최종 구매자를 직접 찾아간다는 점입니다.

따라서 B2B 마케팅에서 중요한 것은 구매에 영향력을 미치는 최종 구매자가 누구인
지, 또한 구매 프로세스가 어떠한지를 정확하게 파악하는 것입니다.

일반적으로 중국의 B2B 비즈니스는 유통 구조가 매우 다양하고 복잡한 특성이 있습
니다. (이에 관해서는 '7장 B2B 고객 분석'의 사례를 참조할 수 있습니다.) 최종 구매가
이루어지기까지 여러 단계의 구매 프로세스가 있고, 각 단계별로 각각 구매에 영향을 주
는 구매 결정자가 있습니다.

따라서 이들 구매 결정자에 대해 각기 적합한 판매 활동을 계획하고, 이를 체계적이고
지속적으로 수행하는 것이 B2B 마케팅의 성공 요인이라 할 수 있습니다. 이에 대한 구
체적인 사례는 '12.3 B2B 판매활동 분석하기'에서 살펴보겠습니다.

::: 12.1 POP 마케팅 도구 살펴보기

B2C 비즈니스에서 판매 활동은 '판촉(판매촉진) 활동'이라고도 부르며, 소비자가 구
매를 결정하는 마지막 단계에서 수행하는 마케팅이라는 의미로 'POP(Point of
Purchase) 마케팅'이라고도 부릅니다.

중국은 경쟁 브랜드도 많고, 소비자도 다양하며, 소비 시장의 활력이 매우 큰 곳입니
다. 대형 마트에 가면 마치 한국의 재래 시장에 온 것처럼 시끌벅적한 분위기를 느낄 수
있습니다. 판촉사원들도 여기 저기 많이 배치되어 있고, POP 마케팅 이벤트도 다양하게
진행되며, 제품 종류도 다양합니다.

일반적으로 중국시장에서 많이 활용되는 POP 마케팅 도구로는 POP 광고, 매장 내
진열대, 매장 디스플레이, 보너스 경품 같은 것이 있습니다.

■ POP 광고

제품에 따라 매장 내 광고 포스트를 붙이거나 진열대 앞에 조그마한 광고용 문구를 붙여놓는 방식입니다. 대형 마트나 가전제품 전문 판매점, IT 전자 상가 등 모든 종류의 B2C 소매 매장에서 쉽게 접할 수 있는 마케팅 방식입니다.

■ 매장 내 진열대

중국 소비자는 구입할 제품을 미리 결정하고 오기보다는 매장을 천천히 둘러보며 마음에 드는 제품을 구입하는 경향이 큽니다. 따라서 소비자의 눈에 잘 띄는 곳에 자사 상품을 전시하는 것은 판매 효과가 매우 큰 마케팅 방식입니다.

특히 대형 마트에서 판매되는 식음료품이나 생활 소비재와 같이 다수의 브랜드가 경쟁적으로 진열되는 제품군에서는 매장 내 진열대 위치가 다른 어떤 마케팅 도구보다 중요하다고 할 수 있습니다.

이를 위해 제조업체는 유통업체와 장기적이고 전략적인 협력 관계를 구축하고 다양한 인센티브 방식을 고안할 필요가 있습니다.

■ 매장 디스플레이

IT제품이나 가전제품 또는 특정 브랜드의 상품 중에는 별도로 독립된 진열대나 매장을 가지고 있는 경우가 있습니다. 이때 독립적인 매장을 어떻게 디자인할 것이며, 또한 시설물이나 POP 광고물을 어떤 형태로 배치하는가를 종합적으로 일컬어 '매장 디스플레이' 라고 합니다.

소비자들은 특정 브랜드 제품이 전시된 매장을 통해 해당 회사나 제품에 대해 일종의 브랜드 이미지를 형성하게 됩니다. 특히 중국 소비자들은 표준화된 매장 디스플레이를 보유하고 있는 브랜드를 더 신뢰하는 경향이 다른 국가의 소비자들보다 더 높습니다.

따라서 공통된 표준에 따라 매장마다 일관되고 독창적인 디스플레이를 설치하는 것은 중국시장에서 브랜드 이미지를 높일 수 있는 매우 효과적인 마케팅 방법입니다.

■ 보너스 경품

대형 가전 제품이나 고가(高價) 전자 제품의 경우, 적합한 경품 제공을 통해 큰 효과를 거두기도 합니다. 예를 들어, RMB 5,000 위안 상당의 제품을 판매할 때, RMB 300 위안의 가격 할인보다 RMB 300 위안 상당의 보너스 경품을 제공하는 것이 더 큰 효과를 거둘 수 있다는 뜻입니다. 이때 중요한 것은 판매되는 제품과 연관되어 가치나 활용도를 더 높여주는 경품일수록 효과가 크다는 점입니다.

::: 12.2 효과적인 판촉사원 운영하기

중국시장은 매장 내 판촉사원의 역할이 매우 큰 곳입니다. 제품에 대해 충분한 지식을 보유하고 있으며, 소비자의 구매 활동에 대해 전문적으로 상담해줄 수 있는 판촉사원은 소비자의 제품 선택에 있어서 매우 결정적인 영향을 주게 됩니다.

연구 결과에 따르면, 중국시장에서 판촉사원을 통해 약 40%의 매출 증대 효과를 거둘 수 있다고 합니다. 또한 중국은 인건비가 저렴한 편이어서 판촉사원 운영은 상대적으로 다른 마케팅 방식보다 비용 대비 효과가 큰 마케팅 방식입니다. 따라서 중국시장에서 선도적인 위치를 차지하고 있는 기업들은 모두 효과적이고 체계적인 판촉사원 관리와 운영 노하우를 가지고 있습니다.

〈그림 12-1〉은 중국시장에서 가전 제품을 제조 및 판매하는 AAA사의 판촉사원 관리 체계입니다.

우선 AAA사의 판촉사원 급여는 기본급과 인센티브로 구성되어 있습니다. 중국의 일반적인 판촉사원 월 평균 수입은 RMB 2,000 위안~RMB 4,000위안 정도인데 AAA사의 경우, 기본급 RMB 800위안에 제품 1대 판매당 판매가의 1~3%의 인센티브를 지급하고 있습니다. 만일 AAA사에서 지정한 중점 판매 모델을 판매할 경우, 추가적인 인센티브가 있습니다. 또한 1년 이상 근무한 판촉사원에게는 기본적인 모든 보험을 제공하고 있습니다.

만일 판촉사원이 일정 기간 주어진 판매 목표를 달성하지 못한 경우, AAA사는 매장을 재배치하여 기회를 부여합니다. 그러나 매장 재배치 후에도 일정한 성과를 올리지 못하면 해고하는 규정을 두고 있습니다.

판촉사원들은 일일 판매현황과 경쟁사의 판촉 활동 및 판매 상황에 대해 AAA사의 영업담당자에게 보고하도록 되어 있습니다. 또한 AAA사의 판촉사원 채용은 내부 사원 추천 방식이 많으며, 고졸 이상의 학력에 1년 이상 경력자를 대상으로 하고 있습니다.

AAA사는 매월 2차례 판촉사원 교육을 진행하며, 교육 내용은 신제품 소개, 효과적인

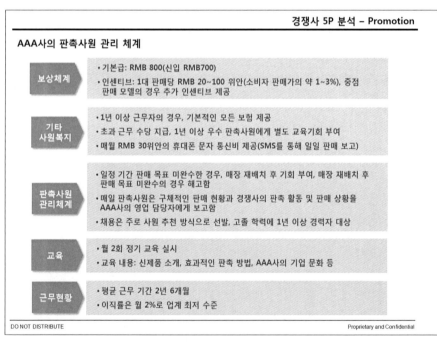

〈그림 12-1〉 AAA 사의 판촉사원 관리 체계

판촉 기법, AAA사 기업 문화 등으로 구성되어 있습니다. 1년 이상 근무한 우수 판촉사원에게는 별도의 교육 기회를 부여하고 있습니다. 이러한 특별 교육은 AAA사의 본사로 초청하여 며칠간 진행하거나 경우에 따라서는 해외 본사로 초청하여 교육받을 기회를 제공하기도 합니다.

::: 12.3 B2B의 판매 활동 분석하기

〈그림 12-2〉에서 〈그림12-4〉까지는 중국에서 시스템 에어컨 사업을 하는 BBB사의 B2B 판매 활동을 분석한 자료입니다. B2B 비즈니스는 최종 구매가 이루어지기까지 여러 단계의 구매 결정 프로세스가 있고, 각 단계마다 별도로 구매에 영향력을 미치는 관계자가 있습니다.

BBB사는 자사의 B2B 영업을 사전 영업(Pre-sales), 수주 영업(Sales), 사후 영업(Post-sales)의 세 단계로 구분하고 있습니다.

먼저 〈그림 12-2〉의 사전 영업(Pre-sales) 활동을 보겠습니다.

BBB사는 입찰 시, 시스템 에어컨의 평가 및 구매에 가장 큰 영향력을 가지고 있는 설계원을 위주로 사전 영업 활동을 수행하고 있습니다. 설계원의 설계사를 대상으로 기술 세미나를 개최하기도 하며, 설계사들의 클럽 활동을 후원하고, 정기적으로 설계원을 방문하여 의견을 교환하며 좋은 관계를 유지하고 있습니다. 이를 정리하면 다음과 같습니다.

■ 사전 영업(Pre-sales) 활동-설계원

● 기술 세미나: 설계원 및 전문가를 대상으로 매월 전문적인 제품 설명회 개최

● 설계원 방문: 도면 심사를 담당하는 설계사 방문을 통해 BBB사 제품의 설계도 심사가 원활하도록 함.

또한 건축설계부의 설계사 방문을 통해 BBB사 에어컨의 설치 시 고려해야 할 특수사항에 대해 토의함. 첫 방문 시 선물을 가져가지 않고, 재방문 시는 간단한 선물과 잘 만들어진 기술자료를 가지고 가며, 때때로 입찰평가 전문가를 방문하기도 함

● 소그룹 지원: 제품 연구회를 조직하여 지명도 있는 설계원 인사 초청, 업계 설계사들의 클럽 활동 지원을 통해 BBB사 지지층 확보

■ 사전 영업(Pre-sales) 활동-대리상

● 제품 설명회: 정기적으로 BBB사의 주요 대리상을 초청하여 제품 교육 및 신제품 설명회를 개최함

경쟁사 5P 분석 – Promotion

BBB사의 사전 영업(pre-sales) 활동은 입찰 평가의 주요 의사 결정자인 설계원 위주이며, 잠재적 사용자를 대상으로 중국 전 지역에 걸쳐 신제품 출시 행사를 개최함

	PRE-sales	Sales	Post
설계원	• 기술 세미나: 설계원 및 전문가를 대상으로 매월 전문적인 제품 설명회를 가짐 • 설계원 방문: 도면 심사를 담당하는 설계사 방문을 통해 BBB사 제품의 설계도 심사가 원활하도록 함. 또한 건축설계부의 설계사 방문을 통해 BBB사 에어컨의 설치 시 고려해야 할 특수사항에 대해 토의함. 첫 방문 시 선물을 가져가지 않고, 재방문 시는 간단한 선물(우산, 명함케이스, 물컵 등)과 잘 만들어진 기술자료를 가지고 감. 때때로 입찰평가 전문가를 방문하기도 함 • 소그룹 지원: 1. 제품 연구회 - 제품 연구회를 조직하여 지명도 있는 설계원 인사 초청 2. 설계사 클럽 - 업계 설계사들의 클럽 활동 지원을 통해 BBB사 지지층을 확보함		
대리상	• 제품 설명회: 정기적으로 BBB사의 주요 대리상을 초청하여 제품 교육 및 신제품 설명회를 개최함 • 비정기적 방문: 필요에 따라 BBB사의 영업 담당자가 각 지역의 대리상을 방문하여 신규 프로젝트 기회, 시장 및 업계 상황, 애로사항 및 건의 사항을 토의함		
최종 사용자	• 고객 초청회: BBB사는 매년 전국적으로 약 40-50여 개 도시에 수백 차례의 신제품 출시 행사를 개최, 많은 경우 200-300여 명의 업종 관계자들이 참여함. 행사 참여자에게는 신제품 모형 기념품을 증정하며, RMB300-400 상당의 소형 가전 제품을 선물로 제공함 • 제품 설명회: 각종 산업의 연간 대회나 주요 회의에 참석할 기회를 통해 짧은 시간의 신제품 설명 기회를 가짐		

〈그림 12-2〉 BBB 사의 사전 영업(Pre-sales) 활동

● 비정기적 방문: 필요에 따라 BBB사의 영업 담당자가 각 지역의 대리상을 방문하여 신규 프로젝트 기회, 시장 및 업계 상황, 애로사항 및 건의 사항을 토의함

■ 사전 영업(Pre-sales) 활동-최종 사용자

● 고객 초청회: BBB사는 매년 전국적으로 약 40~50여 개 도시에 수 백 차례의 신제품 출시 행사를 개최, 많은 경우 200~300여 명의 업종 관계자들이 참여함. 행사 참여자에게는 신제품 모형 기념품을 증정하거나 RMB 300~400 상당의 소형 가전 제품을 선물로 제공함

● 제품 설명회: 각종 산업의 연간 대회나 주요 회의에 참석할 기회를 통해 짧은 시간의 신제품 설명 기회를 가짐

〈그림 12-3〉은 실제 프로젝트 기회가 발생한 단계에서 수행하는 수주 영업(Sales) 활동입니다.

BBB사의 수주 영업 활동은 설계사와 최종 사용자의 양 방면에서 진행되고 있습니다. 설계사들이 프로젝트를 평가하고 시스템 에어컨 부문을 설계하는 과정에서 BBB사는 실제적인 설계 대행과 일부 비용을 지원하고 있습니다. 또한 최종 고객을 대상으로 해당 대리상과 협력하여 BBB사의 공장이나 주요 성공사례 지역을 참관하는 기회를 제공합니다. 이를 정리하면 다음과 같습니다.

■ 수주 영업(Sales) 활동-설계원

● Spec-in 비용: 프로젝트 규모에 따라 설계사에게 일정의 Spec-in 비용을 제공하는데, RMB 10만 위안 규모의 프로젝트 경우 약 3~4% 정도이며, 지급 방법은 프로젝트 완료 후에 대리상을 통해 제공함 (이 비용은 BBB사가 대리상에게 제품 공급 시 가격으로 보상함)

● 설계 대행: BBB사는 설계원을 대신하여 프로젝트 시공 설계를 하고, 설계원의 경험이 풍부한 설계사를 초청하여 심사를 받아 품질을 향상시키기도 함. 이와 같은 방식으로 설계원 설계사의 작업을 지원함

■ 수주 영업(Sales) 활동-대리상

● 고객 방문: 프로젝트 정보를 대리상에게 넘겨준 후, 본격적인 영업 활동을 수행함. 대리상이 수시로 고

객을 방문하며, 때로는 BBB사의 영업담당이 해당 대리상과 함께 고객을 방문하여 프로젝트 준비 상황

이나 입찰 정보를 수시로 수집함

■ 수주 영업(Sales) 활동-최종 사용자

● 고객 방문: BBB사 영업담당은 협력 파트너(대리상)와 함께 고객을 방문하여 프로젝트 준비 상황이나

입찰 정보를 확인함

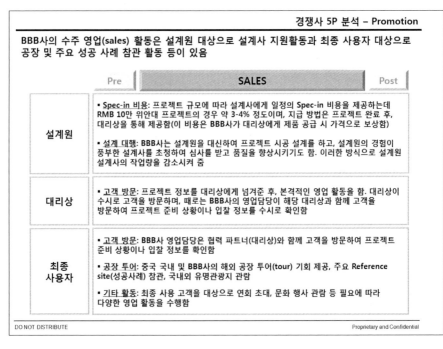

〈그림 12-3〉 BBB 사의 수주 영업(Sales) 활동

● 공장 투어: 중국 국내 및 BBB사의 해외 공장 투어(tour) 기회 제공, 주요 구축 사례(Reference site) 참관 및 국내외 유명관광지 관람 등의 영업 활동을 수행함

● 기타 활동: 최종 사용 고객을 대상으로 연회 초대, 문화 행사 관람 등 필요에 따라 다양한 영업 활동을 수행함

〈그림 12-4〉는 사후 영업(post-sales) 활동입니다.

프로젝트가 종료된 후에도 BBB사는 프로젝트에 참가한 설계사를 대상으로 관광 기회를 제공하며, 대리상을 통해 답례 방문과 식사 초청 등 관계를 유지할 수 있는 활동을 수

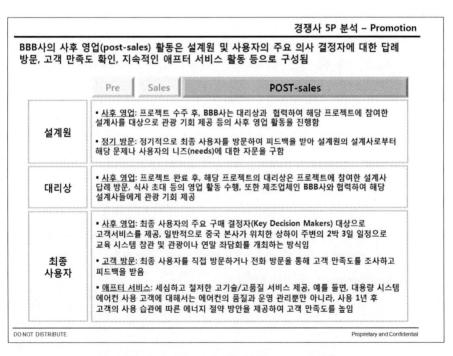

〈그림 12-4〉 BBB 사의 사후 영업(Post-sales) 활동

행합니다.

　최종 사용자에 대해서는 시스템 에어컨 설치 후, 고객 만족도 조사를 실시하고 있습니다. 이를 정리하면, 다음과 같습니다.

■ 사후 영업(Post-sales) 활동-설계원

● 사후 영업: 프로젝트 수주 후, BBB사는 대리상과 협력하여 해당 프로젝트에 참여한 설계사를 대상으로 관광 기회 제공 등의 사후 영업 활동을 수행함

● 정기 방문: 정기적으로 최종 사용자의 피드백(feedback)을 받아 설계원의 설계사로부터 해당 문제나 사용자의 니즈(needs)에 대한 자문을 구함

■ 사후 영업(Post-sales) 활동-대리상

● 사후 영업: 프로젝트 완료 후, 해당 프로젝트의 대리상은 프로젝트에 참여한 설계사 답례 방문, 식사 초대 등의 영업 활동 수행, 또한 제조업체인 BBB사와 협력하여 해당 설계사들에게 관광 기회 제공

■ 사후 영업(Post-sales) 활동-최종 사용자

● 사후 영업: 최종 사용자의 주요 구매 결정자(Key Decision Makers) 대상으로 고객서비스를 제공, 일반적으로 중국 본사가 위치한 상하이 주변의 2박 3일 일정으로 교육 시스템 참관 및 관광이나 연말 좌담회를 개최하는 방식임

● 고객 방문: 최종 사용자를 직접 방문하거나 전화 방문을 통해 고객 만족도를 조사하고 피드백을 받음

● 애프터 서비스: 세심하고 철저한 고기술/고품질 서비스 제공, 예를 들면, 대용량 시스템 에어컨 사용 고객에 대해서는 에어컨의 품질과 운영 관리뿐만 아니라, 사용 1년 후 고객의 사용 습관에 따른 에너지 절약 방안을 제공하여 고객 만족도를 제고함

13장

경쟁사 분석: 물류와 서비스

판매의 지원 조직이라 할 수 있는 물류(Logistics) 관리와 애프터 서비스(After-sales service) 조직은 회사마다 모두 비슷할 것 같지만, 중국시장 진출 기업에게 있어서 상황이 그렇지 않습니다.

중국시장은 빠르게 커지고 있고, 대도시에서 중소도시로, 동부 연안에서 중서부로 시장이 확대되고 있습니다. 그렇기 때문에 물류나 애프터 서비스를 잘못 관리하면 많은 비용을 초래하게 되고 또한 소비자의 불만을 높이게 되어 기업 이익과 판매에 큰 타격을 줄 수도 있습니다.

이러한 연유로 경쟁사 분석에서 상대 기업의 물류와 서비스 관리에 대한 기본적인 현황을 파악하고 넘어가는 것은 여러 면에서 도움이 될 수 있습니다.

::: 13.1 물류 거점 파악하기

경쟁사의 물류 관리를 분석할 때 가장 기본적인 것은 물류 거점을 파악하는 것입니다. '물류' 란 것이 소비자가 위치한 곳까지 직접 제품을 이동해야 하는 것이기 때문에 지리적인 요인과 직접적으로 연관되어 있습니다.

그 다음으로 고려하는 것이 물류 기반이라 할 수 있는 교통, 운송, 정보시스템과 같이 물류가 가능하도록 만들어주는 제반 인프라 시스템입니다. 다시 말하면, 도로가 있어야 하고, 차량과 창고가 확보되어야 하고, 주문과 배송 및 재고를 관리하는 정보시스템이 구축되어 있어야 합니다.

일반적으로 마케팅 전략에서 필요한 경쟁사의 물류 관리 분석은 지리적 개념의 물류 거점을 파악하는 수준입니다. 이를 통해 자사의 물류 거점을 어디에 둘 것인지, 거점별 관할 지역을 어떻게 구분할 것인지, 시장 확장에 따라 물류 거점을 어떻게 조정할 것인지 등 여러 면에서 참고 자료로 활용할 수 있습니다.

물류 거점을 결정하는 것은 지리적 요인과 함께 실제 물류가 발생하는 물동량과도 관련이 있습니다. 따라서 중국시장의 경우, 소비 수준이 높고 대도시가 밀집되어 있는 동부 연안을 따라 기업들의 물류 거점이 많이 분포되어 있는 편입니다.

〈그림 13-1〉을 보면, 시스템 에어컨 제조 및 판매 사업을 하는 AAA사의 물류 거점과 관할 지역이 표기되어 있습니다. AAA사는 상하이에 중국 본사와 공장이 위치해 있기 때문에 물류 총괄 본부가 상하이에 위치해 있습니다.

상하이에는 완제품 창고, 부품 창고, 불량품 창고, 재고품 창고 등으로 구성된 총 8만 평방미터의 물류 기지가 위치해 있습니다. 이 곳은 또한 중국 전역의 물류 관리를 총괄하고 있습니다.

한편, 상하이 이외에 베이징, 광저우, 청두에 각각 자체적으로 운영하는 2,000~3,000 평방미터 규모의 물류 창고가 있습니다. 각 물류 거점별 관할 지역을 보면, 다음과 같습니다.

- 상하이 법인 관할 지역: 상하이, 칭다오, 난징, 항저우, 원저우 등을 포함한 화동 지역
- 베이징 법인 관할 지역: 베이징, 선양, 다롄 등을 포함한 화북 지역 및 동북 지역
- 광저우 법인 관할 지역: 광저우, 선전, 창사 등을 포함한 화남 지역

● 청두 법인 관할 지역: 청두, 충칭 등의 중서부 지역

    AAA사는 물류 창고를 직접 소유하지 않고, 3PL(제3자 물류) 업체로부터 임대 형태로 위탁하여 운영하고 있습니다. 또한 AAA사가 직접 운영하는 4개의 물류 거점 이외에도 각 지역 총판 대리상들과 협력하여 주요 대도시에 물류 거점을 확보하고 있습니다. 〈그림 13-1〉을 보면, 선양, 다롄, 칭다오, 난징, 항저우, 원저우에 대리상의 물류 거점이 있습니다.

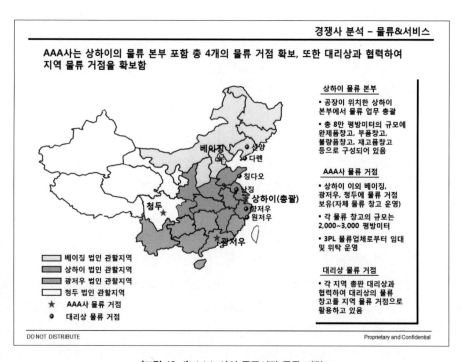

〈그림 13-1〉 AAA 사의 중국시장 물류 거점

중국에는 '소비자의 날'이 있습니다. 중국소비자협회에서는 매년 3월 15일을 '소비자의 날'로 정해놓고 다양한 행사를 진행합니다. 공영방송인 CCTV에서도 몇 시간의 특집 방송을 내보내기도 합니다. 공급자 중심의 관행을 타파하고 기업들의 서비스 의식을 높이기 위한 의도라 할 수 있습니다. 기업들도 특별히 이 날은 기업 이미지 제고를 위해 각종 이벤트를 진행하고 있습니다.

중국의 소비자들은 넓은 지역에 흩어져 있지만, 잘못 처리된 한 건의 클레임(claim)은 미디어를 통해 삽시간에 중국 전역으로 퍼질 수 있습니다. 브랜드 이미지를 기반으로 사업하는 글로벌 기업에게 있어서 이것은 매우 심각한 문제입니다.

그러므로 애프터 서비스(After-sales service) 조직은 고객 만족도를 높이고, 클레임에 따른 리스크(risk)를 예방하는 등 마케팅에서 아주 결정적인 역할을 합니다. 따라서 서비스 조직의 운영과 관리는 제품이나 유통 못지 않게 판매에 중요한 역할을 담당한다고 할 수 있습니다.

〈그림 13-2〉를 보면, BBB사의 서비스 조직은 크게 콜센터(call center)와 기술 서비스 부문으로 구성되어 있습니다. '콜센터'는 주로 고객의 애프터 서비스 요청이나 문의 전화를 응대하는 역할을 합니다. BBB사의 경우를 보면, 70088 번호와 800 번호의 두개 회선이 운영되고 있습니다.

70088 회선은 제품을 구입한 고객의 애프터 서비스를 응대하는 회선이며, 서비스 센터가 위치한 각 지역마다 1~2개의 전화 응대 좌석이 배치되어 있습니다.

800 회선은 일반 전화 문의나 해피콜(happy call), 클레임 응대 전화 등을 담당하고 있습니다. 800 회선의 경우, 추저우(Chuzhou)에 콜센터가 위치해 있으며, 10개의 전화 응대 좌석이 배치되어 있습니다.

'기술 서비스' 조직은 고객의 애프터 서비스 요청에 따라 제품을 수리하거나 고객이

구매한 제품을 설치하는 역할을 담당합니다.

BBB사의 경우, 29개 도시에 서비스 센터가 있고, 중국 전역에 443개의 인증 서비스점(service shop)을 가지고 있습니다. 29개의 서비스 센터는 BBB사에서 직접 운영하는 서비스 거점의 개념이고, 인증 서비스점은 일정 자격요건을 갖춘 각 지역의 수리센터와 파트너십을 체결하여 운영하고 있습니다.

서비스 인프라는 초기 투자 비용이 많이 들지만, 판매량이 증가함에 따라 비용 부담이 감소하게 됩니다. 따라서 중국시장에서의 중장기적인 기업 성장 계획을 고려하여 적절한 비중으로 서비스 조직을 운영하게 됩니다.

〈그림 13-2〉를 보면, BBB사의 경우, 중국 서비스 법인의 인력이 700여 명 정도입니다. 이 중에 콜센터 인력이 160여 명, 기술 서비스 센터 인력이 540여 명 정도입니다.

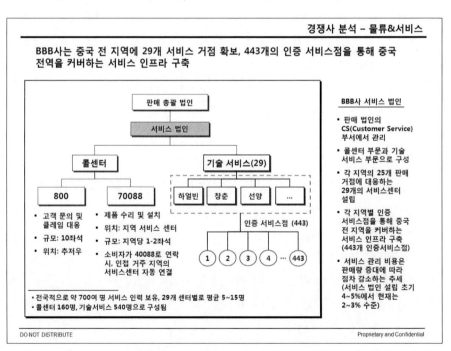

〈그림 13-2〉 BBB 사의 중국 서비스 조직 구성도

14장

경쟁사 분석: 가치 사슬

경쟁사를 분석하는 방법 중에 '가치 사슬 분석'(value chain analysis)이 있습니다. 제조업을 예로 들자면, 원자재를 구매해서 제품을 생산하고, 생산된 제품이 일련의 판매 프로세스를 거쳐 최종 소비자에게 전달되기까지 각 운영 단계별로 어떻게 가치가 생성되는지를 분석하는 것입니다.

본 프로젝트의 가치사슬 분석은 숫자들로 표현되어 있어 다소 어렵게 보일 수도 있지만, 직접 비즈니스를 운영하는 입장에서 보면 이는 가장 기초적인 개념이라 할 수 있습니다.

아무리 제품을 많이 팔고 브랜드 가치가 높아도 수익이 나지 않는 비즈니스를 한다면, 이는 지속 가능한 비즈니스가 될 수 없을 것입니다. 그러므로 경쟁사의 손익(profit and loss) 상황은 어떠한지, 제품 개발과 마케팅 혁신을 통한 가치 창출 능력이 어느 정도인지 파악해볼 필요가 있습니다.

다시 말하면, 제품을 만드는 데 얼마의 비용이 들고, 마케팅을 위해 얼마를 투자하고, 유통 단계별 마진(margin)은 어느 정도인지, 또한 기업의 영업 이익률은 어느 정도 되는지 등 생산부터 최종 판매까지 일련의 가치 생성 과정을 분석하는 것이 경쟁사 분석에서 '가치 사슬 분석'의 개념입니다.

중국 진출 기업 입장에서 보면, 제품을 생산하는 것부터 시장에서 판매하는 것까지 모든 것이 새로운 과정입니다. 어떻게 보면, 중국 비즈니스는 한국의 비즈니스 모델이나 제품을 '중국'이라는 새로운 시장으로 이식(移植)하는 것이라 할 수 있습니다.

하지만 새로운 시장의 토양은 본래 성장했던 토양과 같지 않습니다. 다시 말하면, 고객과 시장 환경이 다르고, 생산 환경도 다르며, 근로자도 다릅니다. 그러므로 구매, 생산, 유통, 광고, 애프터 서비스, 물류 관리 등 경영의 각 부분이 모두 제대로 작동하도록 새로운 환경에 맞게 조정해 나가야 합니다.

이때 이미 어느 정도 중국시장에서 사업 운영 모델이 검증된 경쟁사의 가치 사슬 구조를 파악하는 것은 여러모로 유용하게 활용될 수 있습니다. 예를 들어, 원재료 비용이 경쟁사보다 유난히 높다면, 그 이유를 분석해볼 필요가 있습니다. 광고비의 비중이 경쟁사보다 적다면, 자사의 입장에서 현재 어느 정도가 적절한 수준인지 따져보아야 합니다. 중국시장 진출 초기 단계라면, 경쟁사의 가치 사슬 구조를 기준점으로 삼아 자사의 시장 진입 전략을 설계해볼 수도 있을 것입니다.

::: 14.1 비용 구조 알아보기

〈그림 14-1〉은 중국에서 가전 제품을 생산 및 판매하는 AAA사의 가치 사슬 구조 중에서 '마컴'(Marketing Communication) 비용의 구조를 분석한 사례입니다. 일반적으로 마컴(Marcom) 비용은 광고비와 판촉 활동비로 구성되어 있습니다. 〈그림 14-1〉을 보면, AAA사는 중국시장에서 마컴 비용의 30%는 광고비로, 70%는 판촉 활동비로 사용하고 있습니다. TV 광고의 경우 본사에서 브랜드 광고 위주로 직접 실시하기 때문에 판매 법인의 광고비에 포함되지 않았습니다.

AAA사의 광고비 구성을 좀 더 구체적으로 분석해보면, 온라인 광고가 10%, 옥외 광고가 30%, 그리고 지면 광고가 60%의 비중을 차지하고 있습니다. 지면 광고의 경우, 베이징, 상하이, 광저우 등 중국 1,2급 도시의 신문, 일반 잡지, IT 잡지 등 20여 개 매체를 통해 실시되고 있습니다.

∴ **14.2** 가치 사슬 분석하기

〈그림 14-2〉는 중국에서 시스템 에어컨을 생산 및 판매하는 BBB사의 생산부터 최종 판매까지 전체적인 가치 사슬 구조를 분석한 것입니다. BBB사의 가치 사슬 구조 중에서

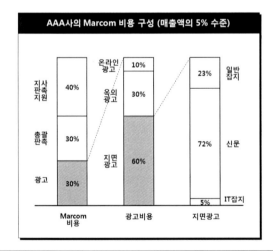

〈그림 14-1〉 AAA 사의 마컴 비용 구조

생산 부분이 차지하는 비중은 매출 이익 15%를 포함하여 73%입니다(매출이익을 제외할 경우는 58%입니다). 구체적인 내용을 보면, 다음과 같습니다.

- 원자재 및 부품: 37%(외부 업체)
- 생산 인건비: 5%(자사)
- 생산 운영 관리비(Overhead): 12%(자사)
- 현지 R&D: 2%(자사)
- 무상 애프터 서비스: 2%(관계사, 별도 법인)
- 매출 이익: 15%(자사)

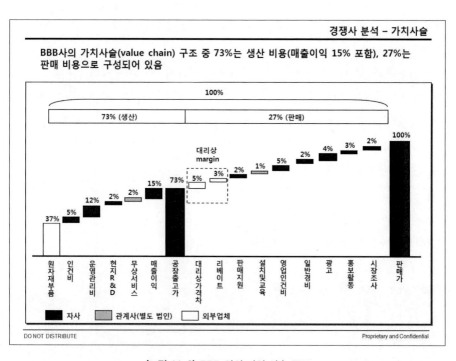

〈그림 14-2〉 BBB 사의 가치 사슬 구조

가치 사슬 분석에서 '생산' 부문의 주된 관점은 '원가 경쟁력' 입니다. 비슷한 품질의 제품이라면, 원자재 및 부품 비용이나 생산 인건비, 공장 운영 관리비 등에서 더 저렴한 기업이 경쟁력이 있는 것입니다. 따라서 경쟁사의 생산 부분 가치 사슬 분석을 통해서는 자사의 원가 경쟁력을 검토해볼 수 있으며, 원가의 갭(gap)이 발생한 항목에 대해 그 이유를 조사해볼 필요가 있습니다.

반면, '판매' 부문의 가치 사슬 분석에서의 주된 관점은 '차별화' 입니다. 다시 말하면, 마케팅을 통해 고객이 인지하는 상품의 가치를 얼마나 창출하느냐에 따라 경쟁력이 달라지는 것입니다. 이와 같은 마케팅 투자 비용 중에는 브랜드 가치를 높이기 위한 광고 및 홍보 활동, 소비자 교육을 위한 투자, 매장 디스플레이나 판촉사원 교육 등과 같은 직접적인 비용도 있으며, 대리상 교육이나 대리상의 영업 활동 지원 등과 같은 간접적인 비용도 있습니다.

따라서 판매 부문의 가치 사슬 분석에서는 투자 대비 효과가 중요합니다. 다시 말하면, 마케팅 투자를 통해 얼마만큼의 판매 증가 효과가 나타나는가 하는 것이 중요하다는 의미입니다. 일반적으로 브랜드 인지도나 소비자 교육 같은 경우는 장기적 효과를 기대하며 투자하는 활동들이고, 판촉 활동이나 대리상 지원 같은 경우는 단기적인 효과를 기대하며 투자하는 활동들입니다.

〈그림 14-2〉에서 BBB사의 '판매' 부문이 가치 사슬 구조에서 차지하는 비중은 27% 입니다. 구체적인 내용을 살펴보면, 다음과 같습니다.

- 대리상 마진(가격차): 5%(외부 업체)
- 대리상 마진(리베이트): 3%(외부 업체)
- 판매 지원: 2%(자사)
- 제품 설치 및 교육: 1%(관계사, 별도 법인)

- 영업 인건비: 5%(자사)
- 일반 경비: 2%(자사)
- 광고비: 4%(자사)
- 홍보 활동: 3%(자사)
- 시장 조사: 2%(자사)

〈그림 14-3〉은 중국에서 가전 제품을 생산 및 판매하는 CCC사의 가치 사슬 구조를 2007년 자료와 2010년 자료를 상호 비교 분석한 것입니다. 이를 통해 CCC사의 가치 사슬 구조에서 3년간의 변동 사항을 파악할 수 있습니다. 뿐만 아니라, 동종 산업의 중국 내 생산 환경과 시장 구조의 변화 추세를 살펴볼 수 있습니다.

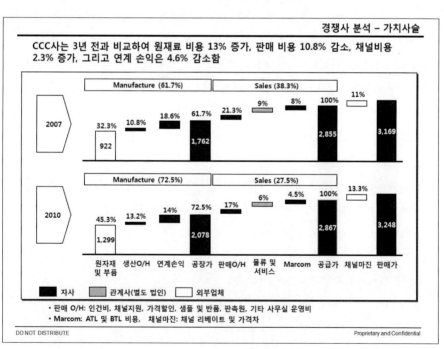

〈그림 14-3〉 CCC 사의 가치 사슬 구조(2007 년과 2010 년 비교)

먼저 2010년 CCC사의 가치 사슬 구조를 보면, 원자재 및 부품의 비중이 45.3%입니다. 이는 3년 전의 원자재 및 부품 비중과 비교해서 13% 정도 증가한 것입니다. 그 주된 이유는 국제적인 원자재 가격 상승에 직접적으로 영향을 받아 2010년 CCC사의 원자재 및 부품 구매 비용이 상승했기 때문인 것으로 보입니다.

또한 2010년 CCC사의 인건비 비중은 13.2%인데, 이를 3년 전과 비교하면 전체 가치 사슬 구조에서 차지하는 비중이 2.4% 증가하였습니다. 이는 중국 근로자의 인건비 상승 추세가 일부 반영된 결과라 볼 수 있습니다.

반면, CCC사는 판매 운영비와 광고비, 물류와 애프터 서비스 비용이 모두 감소했습니다. 전체 가치 사슬 구조에서 판매 부분이 차지하는 비중은 2010년 27.5%로 3년 전과 비교하여 10.8% 감소한 것입니다.

이는 3년 전에 비해 CCC사의 전체적인 제품 판매량이 증가하면서 상대적으로 마케팅 투자 비용이 전체 가치 사슬 구조에서 차지하는 비중이 감소했기 때문입니다. 즉, 3년 전에는 RMB 100 위안을 투자해서 10대의 제품을 판매했는데, 지금은 RMB 100 위안의 마케팅 비용을 투자해서 15대의 제품을 판매하고 있다는 의미입니다.

CCC사의 2007년과 2010년의 가치 사슬 구조는 다음과 같습니다.

- 원자재 및 부품: 32.3%(2007)→45.3%(2010)
- 생산 운영비(인건비와 생산 부문 운영 관리비 포함): 10.8%(2007) →13.2%(2010)
- 연계 손익: 18.6%(2007) →14.0%(2010)
- 판매 운영비(인건비와 판매 부문 운영 관리비 포함): 21.3%(2007) →17.0%(2010)
- 물류 및 애프터 서비스: 9%(2007) →6%(2010)
- 마컴(Marcom) 비용(광고비와 판촉 활동비): 8.0%(2007)→4.5%(2010)
- 채널 마진(margin): 11.0%(2007) →13.3%(2010)

15장

경쟁사 분석: 핵심 경쟁력

경쟁사 분석의 마지막 단계로 경쟁사의 핵심 경쟁력을 분석해보도록 하겠습니다. 핵심 경쟁력은 다른 말로 하면 핵심 성공 요인(KSF, Key Success Factors)으로 표현할 수도 있습니다. 어떤 기업이 시장에서 성공할 수 있게 된 가장 중요한 경쟁력이 무엇인가를 분석하는 것입니다.

경쟁사를 분석한 정보는 그 자체로 많은 인사이트(insight)를 제공해줄 수 있습니다. 특히 중국이라는 새로운 시장에 처음 진출하는 기업이라면, 경쟁사 분석 정보는 사업을 준비하는 단계에서 여러모로 많은 참고가 될 수 있을 것입니다.

그런데 만일 경쟁사의 성공적인 운영 전략을 벤치마킹(benchmarking)하여 자사의 사업 역량을 한 단계 더 높일 수 있다면 정보의 가치는 몇 배로 더 높아질 것입니다. 그런 의미에서 경쟁사 분석의 마지막 단계로 KSF(핵심 성공 요인) 분석과 함께 '벤치마킹 포인트' (benchmarking points)를 도출해보도록 하겠습니다.

'벤치마킹 포인트'는 경쟁사 분석을 통해 얻게 된 다양한 정보 중에서 특별히 현 시점에서 자사 비즈니스에 적용 가능한 핵심 내용을 요약한 것이라고 할 수 있습니다. "구슬이 서 말이라도 꿰어야 보배"라는 말처럼, 아무리 값비싼 정보라도 자사 비즈니스에 제대로 활용할 수 없다면 제 값어치를 할 수 없을 것입니다.

⁘ 15.1 핵심 경쟁력 분석하기

〈그림 15-1〉은 중국시장에서 시스템 에어컨을 제조 판매하는 AAA사를 분석한 후, 마지막 단계에서 AAA사의 핵심 경쟁력을 분석한 것입니다. 경쟁사 5P 분석의 순서에 따라 다음과 같이 AAA사의 핵심 경쟁력을 요약할 수 있습니다.

먼저 '조직(People)' 부문에서 AAA사는 시스템 에어컨 전문업체로 장기적이고 일관적인 중국 전략을 가지고 있습니다. 따라서 의사 결정 단계가 체계적이고 신속하다는 강점이 있습니다. 뿐만 아니라 영업 조직 또한 기능별로 체계적이고 세분화되어 있으며,

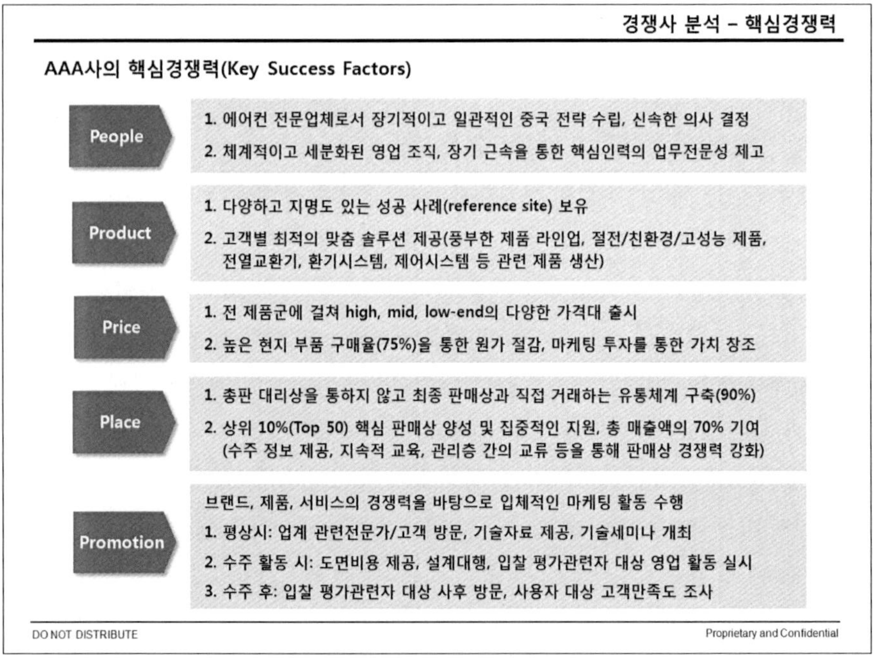
경쟁사 분석 – 핵심경쟁력
AAA사의 핵심경쟁력(Key Success Factors)
People
1. 에어컨 전문업체로서 장기적이고 일관적인 중국 전략 수립, 신속한 의사 결정
2. 체계적이고 세분화된 영업 조직, 장기 근속을 통한 핵심인력의 업무전문성 제고
Product
1. 다양하고 지명도 있는 성공 사례(reference site) 보유
2. 고객별 최적의 맞춤 솔루션 제공(풍부한 제품 라인업, 절전/친환경/고성능 제품, 전열교환기, 환기시스템, 제어시스템 등 관련 제품 생산)
Price
1. 전 제품군에 걸쳐 high, mid, low-end의 다양한 가격대 출시
2. 높은 현지 부품 구매율(75%)을 통한 원가 절감, 마케팅 투자를 통한 가치 창조
Place
1. 총판 대리상을 통하지 않고 최종 판매상과 직접 거래하는 유통체계 구축(90%)
2. 상위 10%(Top 50) 핵심 판매상 양성 및 집중적인 지원, 총 매출액의 70% 기여 (수주 정보 제공, 지속적 교육, 관리층 간의 교류 등을 통해 판매상 경쟁력 강화)
Promotion
브랜드, 제품, 서비스의 경쟁력을 바탕으로 입체적인 마케팅 활동 수행
1. 평상시: 업계 관련전문가/고객 방문, 기술자료 제공, 기술세미나 개최
2. 수주 활동 시: 도면비용 제공, 설계대행, 입찰 평가관련자 대상 영업 활동 실시
3. 수주 후: 입찰 평가관련자 대상 사후 방문, 사용자 대상 고객만족도 조사
DO NOT DISTRIBUTE
Proprietary and Confidential

〈그림 15-1〉 AAA 사의 핵심 경쟁력 분석

핵심 인력들은 장기 근속을 통해 전문적인 업무 역량을 보유하고 있습니다.

'제품(Product)' 부문에서 AAA사는 중국시장에서의 다양한 제품 설치 경험과 랜드 마크(land mark)가 될 수 있는 성공사례(reference site)를 다수 보유하고 있습니다. 또한 풍부한 제품 라인업과 함께 절전/친환경/고성능 제품, 그리고 시스템 에어컨 관련 제품군을 갖추고 있어 고객에 따라 최적의 맞춤 솔루션을 제공할 수 있습니다.

'가격(Price)' 부문에서는 고가(高價) 제품부터 저가(低價) 제품까지 다양한 가격대의 제품을 출시하고 있습니다. 뿐만 아니라 75%의 부품을 생산 공장이 있는 중국 현지에서 조달함으로 원가를 절감하고 있으며, 효과적인 마케팅 투자와 유통 채널 관리를 통해 제품 가치와 영업 수익률을 높이고 있습니다.

'유통 채널(Place)' 부문에서는 총판 대리상을 경유하지 않고 최종 판매상과 직접 거래하는 비율을 90%까지 높임으로 유통 효율성을 높이고 있습니다. 또한 상위 10%에 해당하는 50개의 최종 판매상을 집중적으로 지원하고 양성하는 정책을 통해 상위 50개의 판매상(retailer)이 전체 매출의 70%를 달성하고 있습니다.
구체적인 최종 판매상 지원 방식으로는 입찰 수주 정보 제공, 지속적인 교육 활동, 제조사와 판매상 간의 관리층 교류 강화 등이 있습니다.

'판매 활동(Promotion)' 부문에서 AAA사는 높은 브랜드 인지도와 제품 및 서비스의 경쟁력 우위를 기반으로 입체적인 마케팅 활동을 수행하고 있습니다.
평상시 업계 전문가들과 주요 고객을 방문하여 기술 자료를 제공하며, 기술 세미나를 개최하기도 합니다.
입찰이 진행될 시는 설계사에게 도면비용을 제공하고 반복적인 설계 업무를 대행해주는 등 입찰 평가 관련자들을 대상으로 다양한 수주 영업 활동을 수행합니다.

프로젝트가 완료된 후에도 입찰 평가 관련자를 방문하여 관계를 강화하고, 제품의 최종 사용자에 대해서는 고객만족도 조사를 통해 피드백을 받고 이를 토대로 서비스 만족도를 높이고 있습니다.

::: 15.2 벤치마킹 포인트 찾기

〈그림 15-2〉는 중국에서 프린터를 제조 판매하는 BBB사의 핵심 경쟁력 (또는 핵심 성공 요인)을 분석함과 동시에, 이를 자사(K사)에 적용할 수 있도록 주요 벤치마킹 과제를

	경쟁사 분석 - 핵심경쟁력	
	벤치마킹 포인트	Key Success Factors
Product	1. 효과적인 B2B 제품 개발	• "고성능프린터+프린터서버+관리S/W+서비스"의 B2B 고객별 특화된 통합 솔루션 제공
	2. 중점 판매 모델 마케팅	• 76개 제품 모델 중 13개 제품이 총매출액의 80% 기여(20% 제품이 80% 매출) • 분기별로 전략적 중점 판매 시리즈 선정 및 FTTP, ePoint 등의 대리상 장려 정책과 효과적으로 연관하여 중점 시리즈의 판촉을 유도
	3. 핵심 대리상 양성 (시장 개발 및 선택적 지원)	• 총대리상 및 판매상(2차 대리상)별로 핵심 대리상을 개발하고 집중 지원함으로써 마케팅과 시장 개발의 파트너로 양성함
Sales & Marketing	4. 다양한 고객 접점 개발	• 총대리상의 신규 시장 개발 지원 및 MDF 제공 • 총대리상 매출의 20% 이상이 직접 개발한 채널이 되도록 하는 정책 • 브랜드점을 통한 SMB 고객 영업 • 콜센터에 B2B 영업 프로세스 구축

〈그림 15-2〉 벤치마킹 포인트 및 핵심 경쟁력 분석

도출한 자료입니다. 본 사례에서는 핵심 경쟁력과 벤치마킹 포인트를 '제품(Product)'과 '영업 및 마케팅(Sales & Marketing)' 두 부문으로 나누어 분석하였습니다.

먼저 '제품(Product)' 부문을 보면, K사는 BBB사의 핵심 성공 요인(Key Success Factors) 분석을 통해 중국시장에서는 기업이나 정부 및 공공 기관 등에 특화된 B2B 제품 개발이 중요함을 알게 되었습니다.

기업용 프린터와 프린터 서버, 고객별로 커스터마이징(customizing) 된 관리 소프트웨어, 전용 서비스 패키지 등을 갖춘 B2B 제품을 통해 규모가 큰 B2B 시장에 효과적으로 접근할 수 있습니다.

B2C 제품에 관해서는 분기별로 중점 판매 모델을 선정하여 마케팅 역량을 한 곳으로 집중할 필요가 있습니다. 다양한 제품 모델에 대해 균등한 투자를 하기보다는 시장 트렌드(trend)와 고객 반응에 따라 특정 제품 시리즈에 대한 '선택과 집중' 방식의 마케팅이 더 효과적일 것으로 보입니다.

이는 대리상 판매 장려 정책과 연동하여 중점 판매 제품의 판촉(promotion)을 유도할 수 있어야 제 기능이 발휘될 수 있습니다.

'영업 및 마케팅(Sales & Marketing)' 부문에서는 핵심 대리상 양성이 관건인 것을 알 수 있습니다. 핵심 대리상을 개발하여 집중적으로 지원하고 이들을 자사의 시장 개발과 마케팅의 파트너로 양성해야 합니다.

또한 대리상, 자사 브랜드점(brand shop), 콜센터(call center) 등 다양한 고객 접점을 개발함으로 판매 채널의 커버리지(coverage)를 넓힐 수 있습니다.

〈그림 15-3〉은 중국시장의 IT 서비스 기업 중 주요 글로벌 기업을 분석한 후, 마지막 단계에서 각 사의 핵심 경쟁력과 벤치마킹 포인트를 도출한 사례입니다.

벤치마킹 포인트는 조사를 의뢰한 기업(K사)이 현 시점에서 적용 가능한 수행 과제를 의미합니다. 따라서 경쟁사를 분석하고 이를 활용하는 기업이 누구냐에 따라 벤치마킹 포인트의 결과가 다를 수 있습니다.

〈그림 15-3〉을 보면, IBM 글로벌 서비스에 대해서는 다양한 핵심 성공 요인 중에서 '현지 핵심 인력 양성 시스템' 을 벤치마킹 포인트로 도출하였습니다. IBM이 글로벌 스탠더드(standard)와 관리 시스템에 따라 중국 현지 인력을 양성하는 것과 같이 중국 진출 기업인 K사의 경우도 중국 현지에서 채용한 핵심 인력을 자사의 본사 시스템과 관리 프로세스에 따라 개발하고 양성해야 한다는 것입니다.

HP에 대해서는 '현지 파트너 개발을 통한 사업 개발' 을 주요 벤치마킹 과제로 도출하였습니다. HP는 중국시장에서 현지 파트너를 발굴하고 이들과 효과적으로 협력하는 방

경쟁사 분석 – 핵심경쟁력

	Key Success Factors	벤치마킹 포인트
IBM GS	• 하드웨어를 기반으로 한 방대하고 밀접한 고객관계 구축 • 규모 및 IT 서비스 coverage 경쟁력 • 관리층 현지화 및 현지 핵심인재양성	1. 본사 시스템을 통한 현지 핵심인력 양성
HP	• IT 제품 영업을 통한 중국 내 B2B 채널개발, 파트너관리, 인재배양 등 노하우 축적 (HP프린터 중국m/s 49.6%) • 현지 파트너를 통한 사업개발(80%)	2. 현지 파트너 개발 및 양성 현지 파트너와 협력을 통한 사업개발
Accenture	• 통신, 에너지관련 국유기업의 방대한 고객관계구축 및 reference sites 보유 • 유망산업에 대한 글로벌 본사의 조기투자	3. Target 고객 및 유망산업에 대한 조기투자
EDS	• EDS 글로벌 고객의 중국서비스를 통한 사업 기반 유지, 시장기회 탐색 • IBM, HP 등 글로벌업체의 협력 파트너	4. 그룹 관계사 및 글로벌 협력사의 고객 기반 활용을 통한 시장 기회 탐색
CSC	• 싱가포르계 현지업체 인수/투자를 통한 중국사업 확장(2001년 100명→2005년 350명) • 금융산업 솔루션 보유 + 고객관계 구축	5. 중국 시장 내 경쟁력 있는 솔루션 기반으로 고객관계 구축

DO NOT DISTRIBUTE　　Proprietary and Confidential

〈그림 15-3〉 주요 IT 서비스 기업의 핵심 경쟁력 분석

식을 통해 프로젝트를 수주하거나 신규 시장을 개척하는 데 상당한 역량을 보유하고 있습니다. IT 서비스 부분의 경우 80%의 사업 개발이 현지 파트너와 합작을 통해 이루어지고 있습니다.

엑센츄어에 대해서는 '타깃(target) 고객과 유망 산업을 선정하고 장기적으로 투자' 하는 부분을 벤치마킹 과제로 도출하였습니다. 엑센츄어는 중국의 에너지, 환경, 통신 등 규모가 크고 성장 잠재력이 높은 유망 산업과 목표 고객을 사전에 선정한 후, 장기간 조기 투자하는 것으로 유명합니다. 관련 산업을 연구하고 업계 네트워크를 구축하며 잠재 고객을 대상으로 장기간 사전 영업(pre-sales) 컨설팅을 제공하는 방식으로 신규 고객을 개발하고 있습니다.

EDS의 경우, 글로벌 고객의 중국 사업부를 대상으로 사업을 개발하고 있으며, 이를 기반으로 해서 중국시장의 신규 사업 기회를 탐색하고 있습니다. 따라서 중국 진출 기업인 K사의 경우, 중국에 있는 자사의 그룹 관계사나 협력사를 대상으로 성공적인 프로젝트 구축 사례를 개발하고, 이를 기반으로 해서 중국 시장 기회를 탐색해볼 수 있을 것입니다.

CSC는 2005년 싱가포르계의 중국 진출 기업을 인수하여 중국 사업을 확장하였습니다. 또한 자체적으로 강점이 있는 금융 분야의 솔루션을 토대로 중국시장에서도 은행이나 보험, 증권과 같은 금융 산업 위주로 신규 고객을 개발하고 있습니다. 따라서 K사는 중국시장 내에서 경쟁력이 있는 자사의 솔루션이 무엇인지 우선 파악해야 하며, 이를 위주로 중국시장의 신규 고객을 개발해야 합니다. 또한 동종 산업에 강점이 있거나 영업 역량이 있는 현지 기업을 인수하거나 합작 투자하는 방식을 검토해볼 필요가 있습니다.

차이나 프레임으로 보는

기초 마케팅 전략

Company-자사의
마케팅 전략 수립하기

16장

마케팅 전략 수립 서론

"일본인에게서 자제를, 한국인에게서 대담성을, 독일인에게서 정확성을, 미국인에게서 마케팅 전략을 배우라." 중국의 한 자동차 회사 CEO가 한 말입니다. 글로벌 비즈니스의 관점에서 보면, 한국 기업인들의 대표적인 장점이 '대담성'이라는 뜻입니다.

서구 선진국이나 일본에 비해 글로벌 시장 진출이 늦은 한국 기업이 지금의 위치에 서기까지는 대담한 도전과 공격적인 기업 경영이 중요한 역할을 했다고 볼 수 있습니다.

그런데 대담성은 '행동'보다 '생각'에서 먼저 시작되어야 합니다. 전략적인 사고와 철저한 준비가 없는 대담성은 자칫 무모한 도전으로 끝나기 쉽기 때문입니다.

특히 해외 비즈니스를 추진할 때 이에 대한 사전 조사와 전략적 가이드라인(guidelines)을 준비하지 않은 채 행동이 앞설 경우, 이는 실패로 이어질 가능성이 매우 높습니다. 더군다나 '생각하는 프레임(frame)' 없이 시도된 경험은 사업의 자산으로 남지 않는다는 데 더 큰 손실이 있습니다.

::: **16.1** 뛰어난 기술력과 빈약한 마케팅

주한 캐나다상공회의소의 대표이며, 《글로벌 비즈니스 마인드세트》의 저자이기도 한 시몽 뷔로(Simon Bureau)는 글로벌 비즈니스 관점에서 한국 기업을 보면 기술력은 매우 뛰어난 반면, 마케팅은 매우 취약하다고 말합니다.

10여 년 이상 한국 기업과 기업인을 접하면서 그는 한국의 중견 기업 및 중소 기업의 연구개발 능력과 보유 기술이 의외로 매우 뛰어난 경우를 많이 접했다고 합니다. 그러나 이러한 기술과 제품을 해외 시장에 맞게 상품화하고, 해외 고객의 수요를 파악하여 이에 맞춰 마케팅 활동을 기획하는 일에서는 경험도 부족하고 인력도 부족하다고 말합니다.

시몽 뷔로는 한국 기업인을 위한 글로벌 비즈니스 마인드세트를 MIND-SET의 영문 두문자 8개를 활용하여 정의했습니다. 그가 정의한 글로벌 비즈니스 마인드 세트는 가동성(Mobility), 독립성(Independence), 새로운 접근(Novel approach), 다양성(Diversity), 연결고리(hyphen), 상황 인식(Situation awareness), 동등한 관계(Equality), 양방향성(Two way approach) 등 입니다. 그리고 그는 이 중에서 한국 기업인들에게 가장 필요한 한 가지가 무엇이냐는 질문을 받을 때면, '독립성(Independence)'이 가장 필요하다고 말합니다.

"8가지 글로벌 마인드 세트 중에서 한국 기업인들에게 가장 중요한 것은 한국 상황을 벗어나 독립적으로 사고할 수 있는 능력이다. 한국에서 성공한 제품이나 사업 모델을 가지고 해외로 나갈 때는 한국적인 요소를 배제하여야 한다.

한국적인 성공 요소를 배제한 후, 새로운 시장을 독립적으로 접근해서 분석할 수 있어야 한다. 그러나 실제로 그렇지 못해 한국에서는 성공적인 사업 모델이나 제품이 해외에 나가서는 실패하는 경우가 많다."

이것은 한국 기업이 연구개발 능력과 자체적인 기술력은 뛰어나지만, 해외 시장을 분석하고 해외 현지 고객의 특성이나 수요를 파악하는 방법에는 부족했기 때문에 결과적으로 좋은 성과를 거두지 못한 사례가 많았다는 의미입니다.

::: 16.2 중국을 제대로 알아야 한다

"중국에 대해 섣불리 아는 것보다는 차라리 아예 모르는 게 낫습니다." 삼성 그룹의 중국 본사 사장을 역임한 박근희 사장이 던진 말입니다. 그는 2005년 중국삼성의 최고경영자로 부임하여 2010년까지 24개 계열사의 154개 사업장과 7만9,000명의 직원을 이끌었습니다.

'중국을 제대로 알아야 한다' 는 그의 말은 중국이 점차 글로벌 강국으로 부상함에 따라 이제는 중국을 제대로 알고 배워야 하는 시대가 되었으며, 중국을 대충 알고 비즈니스를 준비하는 것은 곧 실패를 자초하는 일임을 충고하는 것입니다.

한국 대기업의 경우, 이미 해외 영업망을 구축한 상태이고 글로벌 스탠더드(standard)에 따라 해외 비즈니스를 운영하기 때문에 큰 문제가 안 될 수도 있습니다.

하지만 중견 기업 또는 중소 기업의 경우, 아직 해외 비즈니스의 경험이 많지 않은 경우가 대부분입니다. 따라서 중국을 비즈니스의 관점에서 보자면, 시장 환경도 고객도 현지 직원이나 협력업체도 모두 생소하기 마련입니다. 더군다나 중국 진출 초기 단계는 마치 완전히 새로운 사업을 시작하는 것과 같아서 하나부터 열까지 일일이 신경 써야 하는 일들이 산더미처럼 쌓이게 됩니다.

그러므로 효과적으로 중국 진출 사업을 추진하기 위해서는 현지 인력이나 조사 대행 기관을 활용하여 시장 조사, 고객 분석, 경쟁사 분석, 비즈니스 파트너 개발 등과 같은 사전 준비를 충분히 해둘 필요가 있습니다. 이는 마케팅 전략을 수립하는 데 필요한 기초 자료가 되며, 또한 이러한 과정을 통해 중국시장과 고객을 제대로 이해할 수 있기 때

문입니다.

시장 조사와 기본적인 마케팅 전략은 중국 비즈니스의 지속성과 장기적인 성공을 위해서도 반드시 필요합니다. 중국 진출 업무가 하나씩 추진됨에 따라 새로운 정보가 입수되고, 새로운 사업 관계가 형성되며, 사업 기회가 탐색됩니다.

이에 따라 비즈니스 상황판이라 할 수 있는 마케팅 전략도 업데이트하게 됩니다. 새로운 부분을 추가하고, 기초적인 방향 설정에서 좀 더 구체적인 추진 과제를 계획하며, 새롭게 조사하고 추진해야 할 부분을 알게 됩니다. 중국 사업 책임자 또한 권한을 이양하고 업무를 분담할 부분과 직접 수행하고 집중해야 할 핵심 업무를 구분할 수 있게 됩니다.

중국시장 진출에 있어서 한두 번의 성공과 실패보다 더 중요한 것은 바로 이러한 경험과 지식을 축적하고 공유할 수 있는 프레임(frame)과 시스템을 만드는 것입니다. 생각할 수 있는 프레임과 이를 체계화할 수 있는 시스템이 있으면, 사업 책임자뿐만 아니라 기업 조직 자체에 경험과 지식이 축적될 것이고, 이는 중국 비즈니스의 지속적인 성공을 이끌 수 있는 기업의 무형 자산이 될 것입니다.

::: **16.3** 중국 진출 가이드라인 만들기

3C 프레임에서 비즈니스의 주체인 '고객'(Customer)과 '경쟁사'(Competitor)에 대한 분석을 마치게 되면, 마지막으로 '자사(Company)'의 마케팅 전략을 수립하게 됩니다. 고객 분석과 경쟁사 분석이 다소 객관적인 분석 작업이라면, 자사의 마케팅 전략 수립은 이보다 훨씬 주관적인 분석 작업이고 창의성이 요구되는 과정이라 할 수 있습니다.

기업의 중국 진출 사업이 준비 단계인지, 진출 초기 단계인지, 성장 단계인지, 아니면 사업 확장 단계인지에 따라서도 마케팅 전략 수립의 방향은 달라지게 됩니다. 또한 마케팅 전략 수립의 목적이 중장기적인 가이드라인(guidelines)을 위한 것인지, 구체적인 실행 계획을 위한 것인지에 따라서도 작업의 내용이 달라질 것입니다.

본 프로젝트에서는 중국 진출 기업을 위한 전략적 가이드라인을 만드는 데 중점을 두고 마케팅 전략을 수립하였습니다. 따라서 중국 시장 진출의 초기 단계에 좀 더 적합한 마케팅 전략이며, 구체적인 마케팅 플랜을 세우기 전 단계의 작업이라 할 수 있습니다. 전체적인 내용은 다음과 같이 4부분으로 구성되어 있습니다.

■ 경쟁력 평가

마케팅 5P 구성 요소인 조직(People), 제품(Product), 가격(Price), 유통 채널(Place), 판매 활동(Promotion)으로 구분하여 경쟁사와 자사의 경쟁력을 계량화한 후 구체적인 숫자로 평가하는 작업입니다. 5P 항목별 평가 요소는 다음과 같으며, 구체적인 사례는 17장에서 살펴볼 수 있습니다.

- 조직(People): 총 매출 규모, 인당 매출(총 매출액/총 인원 수), 이직률 또는 평균 근무 기간
- 제품(Product): 브랜드 파워(브랜드 지수가 없을 경우, 정성적 판단), 제품 라인업 구성
- 가격(Price): API(평균 가격 지수), API가 없을 경우, 현 시점의 제품 가격 비교
- 유통 채널(Place): 판매 커버리지(coverage), 유통 효율성, 대리상 경쟁력 등
- 판매 활동(Promotion): 판매 인력 규모(판촉사원 또는 영업 인력), 매장 디스플레이, 영업 활동 횟수 등

■ STP 분석

시장과 경쟁사의 STP 분석에 따라 자사의 목표(target) 고객을 선정하고, 제품을 포지셔닝(positioning)하는 과정입니다. 시장과 경쟁사의 STP 분석은 3장, 4장, 6장에서 볼 수 있으며, 마케팅 전략 수립에서 자사의 STP 분석은 18장에서 볼 수 있습니다. STP 분석의 주요 이슈는 다음과 같습니다.

● 세그먼테이션(Segmentation): 자사의 마케팅 활동을 위해 시장과 고객을 어떤 기준으로 세분화할 것인가?

● 목표 고객 선정(Targeting): 시장 환경과 경쟁업체, 자사의 경쟁력을 고려할 때, 목표(target) 고객은 누구인가?

● 포지셔닝(Positioning): 시장 환경과 경쟁업체, 자사의 경쟁력을 고려할 때, 자사 제품 또는 브랜드의 위치는 어떠하며, 마케팅 활동에서 어떤 부분을 강조할 것인가?

■ 성장 목표

중장기적인 성장 목표를 수립하기 위해 연도별 매출 목표를 산정하고, 목표 산정 로직(logic)에 따라 중장기 판매 계획을 수립합니다. 또한 성장 단계에 따른 주요 추진 과제를 도출합니다. '마케팅 전략 수립-성장 목표' 사례는 19장에서 살펴볼 수 있습니다.

● 목표 산정 로직: 전체 시장 규모, 목표 시장 규모, 자사 판매 목표 산정

● 중장기 성장 계획: 판매 목표 산정 로직(logic)에 따라 중장기 성장 계획 수립

● 성장 단계별 과제: 중장기 성장 계획을 3단계로 구분하여 각 단계별 주요 추진 과제 도출

■ 실행 과제

단계별 성장 계획에 따라 경영의 각 부분 즉 경영 계획, 조직 운영, 마케팅 4P에 따라 구체적인 실행 과제를 도출합니다. 또한, 성장 목표와 실행 과제를 종합하여 한 장(1 page)으로 마스터 플랜(master plan)을 작성합니다. '마케팅 전략 수립-실행 과제'의 사례는 20장에서 살펴볼 수 있습니다.

● 실행 과제 도출: 경영 계획, 조직 운영, 인원, 제품, 가격, 유통 채널, 판매 활동 등 각 부분별 구체적인 실행 과제 도출

● 마스터 플랜 작성: 성장 목표와 실행 과제를 종합하여 한 장(1 page)의 마스터 플랜 작성

■ 영업 채널 개발

중국 B2B 사업의 경우, 영업 채널 개발(파트너 개발)이 중국 시장 진출 시 가장 우선적인 추진 과제가 됩니다. 따라서 실행 과제 중에서 영업 채널 개발을 별도로 구분하여 구체적인 추진 계획을 수립하였습니다.

영업 채널 파트너 평가 기준, 파트너 후보 기업 선정 사례, 파트너 개발 7단계 프로세스 등의 내용으로 구성되어 있으며, 구체적인 사례는 21장에서 살펴볼 수 있습니다.

- 파트너 평가 기준: 기업 안정성, 산업 커버리지(coverage), 마케팅 역량 등으로 평가
- 파트너 후보 기업 선정: 파트너 평가 기준에 따라 파트너 후보 기업 선정 및 파트너 후보 기업 프로파일 작성
- 파트너 개발 프로세스: 최종 선정된 파트너 후보 기업을 대상으로 최종 파트너 개발을 위한 7단계 프로세스 작성

17장

마케팅 전략 수립: 경쟁력 평가

기업에게 있어서 마케팅 전략은 어린아이를 대상으로 RMB 1위안(약 170원)짜리 아이스크림을 파는 것부터 거래 규모가 수십, 수백 억에 이르는 부동산을 판매하는 것까지 다양한 제품과 서비스에 모두 필요한 것입니다. 그런데 RMB 1위안짜리 아이스크림의 마케팅 전략이 수백 억 규모에 달하는 부동산 사업의 마케팅 전략보다 더 쉽고 간단한 것은 아닙니다. 왜냐하면 마케팅 전략의 범위와 규모는 제품 가격의 높고 낮음이나 서비스 규모 및 복잡성에 따라 결정되기보다는 이를 수행하는 기업의 규모와 더 관련이 있기 때문입니다.

중국에는 RMB 1위안짜리 생수를 팔아서 2010년 중국 최고 갑부 자리에 오른 와하하(Wahaha) 그룹의 종칭허우(宗庆后) 회장 같은 사람도 있습니다. 이런 경우 와하하 그룹의 마케팅 전략은 비록 RMB 1위안짜리 제품을 판매하지만, 이를 수행하는 조직 규모, 브랜드 전략, 유통 커버리지(coverage), 판매 활동 등은 매우 복잡하고 광범위할 것입니다.

따라서 와하하 그룹과 같은 대기업들은 장기적인 브랜드 이미지 구축 전략이나 판매 현장의 매장 진열 방식, 소매 유통 기업과의 파트너십(partnership) 정책, 지역별 시장 개발 계획 등 각 부분마다 별도의 마케팅 전략과 구체적인 실행 계획을 수립하고 있습니다.

반면, 특정 분야의 기술력을 앞세워 중국시장에 진출하는 중소 기업의 경우라면, 시장 진입에 초점을 맞춘 비교적 단순한 형태의 마케팅 전략이 필요할 것입니다. 기술이 최첨 단이고 장비나 설비가 고가(高價) 제품이라 하더라도 마케팅 전략은 중국시장에서 제품이나 서비스를 판매하는 데 초점을 둔 유통 채널 개발, 현지 파트너 발굴, 판매 조직 구축 등과 같이 신규 시장의 판로를 개척하는 데 집중되어야 할 것입니다.

이런 관점에서 보면, 마케팅 전략은 '제품'이나 '소비자'에 관한 것이 아니라, 이를 수행하는 '기업'에 관한 것이라고 할 수 있습니다. 아무리 경쟁사 제품에 대한 풍부한 분석 자료가 있고, 시장을 깊이 이해하고, 소비자 수요를 구체적으로 파악했다고 하더라도 이 자체로는 마케팅 전략이 될 수 없습니다.

시장 조사 자료와 경쟁사 분석 정보가 기업을 위한 '마케팅 전략'이 되기 위해서는 '기업' 입장에서 이와 같은 조사 자료와 분석 정보를 보는 프레임(frame)이 필요합니다. 다시 말하자면, 3C 프레임, 마케팅 4P, STP 분석과 같이 기업의 입장에서 시장과 고객, 경쟁사를 보는 프레임이 필요하다는 의미입니다.

또한 '전략'(戰略)이라는 말은 본래 군사 용어입니다. 따라서 '전략'에는 반드시 상대 편이 있기 마련이며, '전략'의 목적도 상대편을 이기는 것이라 할 수 있습니다. 그러므로 '마케팅 전략'에도 반드시 상대편이 있습니다. 비즈니스의 주체인 고객과 경쟁사를 알아야 하며, 제품도 소비자도 모두 상대적인 개념으로 이해해야 합니다.

따라서 마케팅 전략이란 경쟁 상대와 비교해서 자사에 더 유리한 판매 방법을 찾는 것이라 정의할 수 있습니다.

〈그림 17-1〉은 중국시장에 진출해서 B2C 형태의 비즈니스를 수행하는 K사(자사)가 동종 업계의 경쟁자이면서 중국시장에서 비교적 성공적으로 판매 성과를 올리고 있는 A사를 분석한 후, 'A사 대비 자사의 경쟁력'을 평가한 도표입니다. 경쟁력 평가 항목은 경쟁사 5P 분석의 프레임에 따라 조직(People), 제품(Product), 가격(Price), 유통 채널(Place), 판매 활동(Promotion)으로 구성하였습니다.

구체적인 평가 방식을 보면, 5P 평가 항목의 총합을 100으로 정하고, 각 항목의 비중

마케팅 전략 수립: 경쟁력 평가

5P 경쟁력 지수 분석(B2C)

평가 항목		A사	자사	A사 대비 경쟁력	가중치	경쟁력 지수
People (30)	총 매출(규모)	110	95	86%	40%	21
	인당 매출(효율)	3.9	2.0	50%	40%	
	평균 근무 연수	-	약세	70%	20%	
Product (30)	브랜드 파워	83.2	62.8	75%	70%	25
	제품 라인업	-	대등	100%	30%	
Price (10)	API(평균가격대)	-	약간 약세	90%	100%	9
Place (20)	판매 커버리지	667	550	82%	50%	17
	효율성(직판 비율)	0.85	0.70	88%	50%	
Promotion (10)	판촉원 규모	1000	800	80%	60%	9
	매장 디스플레이	-	약간 우세	110%	40%	
A사 대비 경쟁력 지수						**81**

· 구체적인 비교 데이터가 없는 경우, 정성적인 판단에 따라 평가함(아래의 정성적 평가 기준 참조)
· 크게 우세(150%), 우세(130%), 약간 우세(110%), 대등(100%), 약간 약세(90%), 약세(70%), 크게 약세(50%)

〈그림 17-1〉 B2C 기업의 5P 경쟁력 평가 사례

을 10에서 30으로 각각 나누었습니다. 5P 평가 항목 중에 어떤 부분의 비중을 더 크게 두고 또 어떤 부분은 더 작게 두는가는 해당 기업의 시장 상황과 산업 특성에 따라 자체적으로 결정하게 됩니다.

〈그림 17-1〉을 보면, K사(자사)는 중국시장 1위 기업인 A사에 비해 전반적으로 비슷한 수준의 경쟁력을 갖추고 있음을 알 수 있습니다. 총 매출 규모나 유통 커버리지(coverage), 판촉사원 규모 등은 80% 이상의 수준이고, 제품 라인업이나 가격, 매장 디스플레이는 거의 대등한 수준이거나 우세한 경우도 있습니다. 반면 브랜드 파워와 조직의 전반적인 경쟁력에서는 상대적으로 열세인 것으로 나타났습니다.

A사 대비 K사의 경쟁력을 정리하면 다음과 같습니다.

■ 조직 경쟁력(People)

● 총 매출(조직 규모): K사의 경쟁력은 A사 대비 86%

● 1인당 매출(조직 효율성): K사의 경쟁력은 A사 대비 50%

● 평균 근무 연수: K사의 경쟁력은 A사 대비 70%

● 경쟁력 계산 방식: 30×(86%×40% + 50%×40% + 70%×20%) = 21

● 조직 경쟁력 지수: A사가 30일 때, K사의 조직 경쟁력은 21

■ 제품 경쟁력(Product)

● 브랜드 파워: K사의 경쟁력은 A사 대비 75%

● 제품 라인업: K사의 경쟁력은 A사 대비 100%

● 경쟁력 계산 방식: 30×(75%×70% + 100%×30%) = 25

● 제품 경쟁력 지수: A사가 30일 때, K사의 제품 경쟁력은 25

■ 가격 경쟁력(Price)

● 평균 가격대: K사의 경쟁력은 A사 대비 90%

● 경쟁력 계산 방식: 10×90%×100% = 9

● 가격 경쟁력 지수: A사가 10일 때, K사의 가격 경쟁력은 9

■ 유통 채널 경쟁력(Place)

● 판매 커버리지: K사의 경쟁력은 A사 대비 82%

● 효율성(직접 판매 비율): K사의 경쟁력은 A사 대비 88%

● 경쟁력 계산 방식: 20×(82%×50% + 88%×50%) = 17

● 유통 경쟁력 지수: A사가 20일 때, K사의 유통 채널 경쟁력은 17

■ 판매 활동 경쟁력(Promotion)

● 판촉사원 규모: K사의 경쟁력은 A사 대비 80%

● 매장 디스플레이: K사의 경쟁력은 A사 대비 110%

● 경쟁력 계산 방식: 10×(80%×60% + 110%×40%) = 9

● 판매 경쟁력 지수: A사가 10일 때, K사의 판매 활동 경쟁력은 9

이를 볼 때 K사는 제품 기술력이나 자금력 면에서 A사에 비해 뒤지지 않는 경쟁력을 가지고 있는 상태에서 중국시장에 진출한 것으로 보입니다. 중국시장 진출 후, 기술력과 자금력이 있기 때문에 신제품 출시, 유통채널 구축, 판매 활동 등과 같은 영역에서는 단기간 내에 시장 1위 기업인 A사의 수준을 따라잡을 수 있었습니다.

반면, 비교적 장기간의 투자를 필요로 하는 브랜드 인지도와 인적 자원 개발(조직 경쟁력) 부분에서는 아직 A사에 비해 경쟁력이 약한 상태인 것 같습니다.

따라서 K사는 A사 대비 경쟁력이 열세인 조직 경쟁력과 브랜드 파워를 높이기 위한 전략적 투자를 계획하고 이를 위한 구체적인 마케팅 계획을 수립해야 할 것으로 판단됩니다.

〈그림 17-2〉는 중국시장에서 사무용 빌딩이나 상가 건물, 주택 등에 설치되는 중앙 통제식 냉난방 장치인 시스템 에어컨을 판매하는 기업의 경쟁력 평가 사례입니다. 〈그림 17-1〉의 B2C 사례와 동일하게 마케팅 5P 프레임으로 경쟁력 평가 항목을 설계하였습니다. 반면, 5P의 구체적인 평가 항목에는 약간의 차이가 있습니다.

특히 B2B의 특성이 두드러지는 유통 채널(Place)과 판매 활동(Promotion) 부문에서는 판매 대리상의 역량과 영업 활동 및 입찰 활동 수행 역량을 주요 경쟁력 평가 항목으로 구성하였습니다. B2B 기업의 5P 항목별 비중과 구체적인 평가 내용 또한 B2C와 마찬가지로 해당 기업의 시장 상황과 산업 특성에 맞게 설계해야 합니다.

마케팅 전략 수립: 경쟁력 평가

5P 경쟁력 지수 분석(B2B)

평가 항목		B사	자사	B사 대비 경쟁력	가중치	경쟁력 지수
People (20)	총 매출(규모)	339	110	32%	50%	12
	인당 매출(효율)	0.33	0.28	85%	50%	
Product (30)	브랜드 파워	-	크게 약세	50%	40%	15
	제품 라인업	129	56	43%	40%	
	서비스 네트워크	-	약세	70%	20%	
Price (10)	입찰 가격대	-	약세	70%	100%	7
Place (20)	판매상(대리상)	496	204	41%	50%	11
	판매상 평균매출액	0.68	0.48	71%	50%	
Promotion (20)	판매법인 인원수	1032	398	39%	40%	9
	영업 활동 횟수	900	354	39%	40%	
	입찰 참여 회수	-	약세	70%	20%	
B사 대비 경쟁력 지수						**54**

· 구체적인 비교 데이터가 없는 경우, 정성적인 판단에 따라 평가함(아래의 정성적 평가 기준 참조)
· 크게 우세(150%), 우세(130%), 약간 우세(110%), 대등(100%), 약간 약세(90%), 약세(70%), 크게 약세(50%)

〈그림 17-2〉 B2B 기업의 5P 경쟁력 평가 사례

〈그림 17-2〉를 보면 중국시장 1위 기업인 B사에 비해 K사(자사)의 경쟁력은 절반 정도임을 알 수 있습니다. 1인당 매출 규모 면에서는 큰 차이가 나지 않지만, 총 매출 규모는 약30% 수준입니다. 브랜드 파워나 제품 라인업에서도 경쟁력의 갭(gap)이 많이 있음을 볼 수 있습니다. 자체적인 영업 인력이나 판매상(대리상)의 영업망, 영업 활동 및 입찰 참여 횟수 등도 B사 대비 절반에 못 미치는 수준입니다.

B사 대비 K사의 경쟁력을 정리하면 다음과 같습니다.

■ 조직 경쟁력(People)

- 총 매출(조직 규모): K사의 경쟁력은 B사 대비 32%
- 1인당 매출(조직 효율성): K사의 경쟁력은 B사 대비 85%
- 경쟁력 계산 방식: 20×(32%×50% + 85%×50%) = 12
- 조직 경쟁력 지수: B사가 20일 때, K사의 조직 경쟁력은 12

■ 제품 경쟁력(Product)

- 브랜드 파워: K사의 경쟁력은 B사 대비 50%
- 제품 라인업: K사의 경쟁력은 B사 대비 43%
- 서비스 네트워크: K사의 경쟁력은 B사 대비 70%
- 경쟁력 계산 방식: 30×(50%×40% + 43%×40% + 70%×20%) = 15
- 제품 경쟁력 지수: B사가 30일 때, K사의 제품 경쟁력은 15

■ 가격 경쟁력(Price)

- 입찰 가격대: K사의 경쟁력은 B사 대비 70%
- 경쟁력 계산 방식: 10×70%×100% = 7
- 가격 경쟁력 지수: B사가 10일 때, K사의 가격 경쟁력은 7

■ 유통 채널 경쟁력(Place)

● 판매 대리상 보유 수: K사의 경쟁력은 B사 대비 41%

● 판매 대리상 평균 매출액: K사의 경쟁력은 B사 대비 71%

● 경쟁력 계산 방식: 20×(41%×50% + 71%×50%) = 11

● 유통 경쟁력 지수: B사가 20일 때, K사의 유통 채널 경쟁력은 11

■ 판매 활동 경쟁력(Promotion)

● 판매 법인 인원 수: K사의 경쟁력은 B사 대비 39%

● 영업 활동 횟수: K사의 경쟁력은 B사 대비 39%

● 입찰 참여 횟수: K사의 경쟁력은 B사 대비 70%

● 경쟁력 계산 방식: 20×(39%×40% + 39%×40% + 70%×20%) = 9

● 판매 경쟁력 지수: B사가 20일 때, K사의 판매 활동 경쟁력은 9

B사 대비 경쟁력 평가 결과를 볼 때, 중국시장에서 K사가 단기간 내에 B사를 따라 잡기는 어려운 것으로 보입니다. 하지만 중국시장에서 B사의 경쟁력을 기준점으로 두고 B사 수준으로 성장하는 것을 최종 목표로 해서 단계적인 성장 계획을 수립해볼 수 있을 것입니다.

예를 들어, 1~2년차(1단계), 3~5년차(2단계), 5~10년차(3단계)의 3 단계로 성장 단계를 구분하고, 각 단계별로 마케팅 5P 항목에 따라 성장 목표를 수립하고, 이를 달성하기 위한 구체적인 실행 방안을 계획하는 방식입니다.

또한 각 성장 단계별로 우선 순위를 정하고, 우선순위에 따른 중점 추진 과제를 선정하여 이를 집중적으로 추진하는 계획을 세워볼 수 있습니다. 예를 들어, 만일 1단계의 우선적 추진 과제를 '영업 활동 횟수 2배 증가'로 한다면, 이에 따라 영업 인력 충원 계획, 판매 대리상 장려 정책 등을 수립하여 이들 과제를 중점적으로 추진하는 방식입니다.

성장 단계별 과제와 추진 목표는 B사의 경쟁력 수준을 기준점으로 할 수 있습니다. 예를 들어, 전체적인 마케팅 경쟁력 수준을 1단계는 B사 대비 50% 수준, 2단계는 70% 수준, 3단계는 100% 수준으로 정하는 것입니다. 그리고 경쟁력 목표 수준을 달성하기 위한 구체적인 실행 계획은 5P 평가 항목에 따라 각각 세부 사항을 디자인하는 방식입니다.

18장

마케팅 전략 수립: STP 분석

마케팅 전략에서 5P 분석이 기업을 분석하는 프레임이라면, STP 분석은 시장과 고객을 분석하는 프레임입니다. STP 분석이라는 말은 세그먼테이션(Segmentation), 타깃팅(Targeting), 포지셔닝(Positioning)의 머리 글자를 사용한 것이며, 이에 대한 간단한 개념은 다음과 같습니다.

■ 세그먼테이션(Segmentation)-고객 세분화

'세그먼테이션'은 고객이나 시장을 특정 기준에 의해 세부적으로 나누는 것입니다. 고객(또는 시장)을 세분화하는 기준은 제품이나 서비스의 특성에 따라 다양한 방법이 있습니다. 예를 들면 산업, 업종, 지역, 연령, 소득수준, 라이프 스타일, 구매 채널 등 여러 가지 방법으로 고객이나 시장을 세분화할 수 있습니다.

■ 타깃팅(Targeting)-목표 고객 선정

'타깃팅'은 '목표 고객 선정' 또는 '타깃(target) 고객 선정'이라 부를 수 있습니다. '세그먼테이션'이 시장이나 고객을 객관적인 입장에서 세분화한 것이라면, '타깃팅'은 특정 기업의 기준에 적합한 고객을 주관적으로 선정하는 것입니다.

예를 들어, 중국시장을 진출하고자 하는 K라는 기업이 있다고 한다면, K사는 자사 제

품을 판매할 중국 소비자를 연령이나 소득 수준에 따라 세분화할 수 있을 것입니다. 그리고 연령이나 소득 수준에 따라 세분화된 고객 그룹 가운데 특정 그룹, 예를 들어 연령이 40~50대이면서 월 소득 수준이 RMB 10,000 위안 이상인 소비자 그룹을 목표 고객으로 선정하였다면, 이러한 과정이 '타깃팅', 즉 '목표 고객 선정' 과정입니다.

중국시장에서 K사는 자사의 제품을 판매하기에 가장 적합한 고객 그룹을 '월 소득 RMB 10,000 위안 이상의 40~50대 소비자'로 선택하였고, 따라서 이들 고객 집단에 적합한 방식의 광고, 유통 채널, 판촉 활동 등을 기획하게 될 것입니다.

■ 포지셔닝(Positioning)-제품 포지셔닝

세그먼테이션과 타깃팅이 고객과 시장에 관한 것이라면, 포지셔닝은 제품이나 브랜드에 관한 것입니다. 따라서 세그먼테이션을 '고객' 세분화라고 부르는 것처럼, 포지셔닝을 '제품' 포지셔닝이라고 부를 수 있습니다.

제품 포지셔닝은 목표 고객을 선정한 후, 이들 특정 고객 집단에 자사의 제품이나 브랜드를 어떻게 표현하고 알리며 어떤 이미지로 다가갈 것인지를 결정하는 과정입니다.

그러면 이제 마케팅 전략 수립에서 STP 분석 단계의 구체적인 사례를 순서대로 살펴보도록 하겠습니다.

::: 18.1 고객 세분화하기(Segmentation)

고객 세분화에 대해서는 '3장 시장 분석(1)-산업 보고서 활용하기'와 '6장 B2B 고객 분석'에서 살펴보았습니다. 이 장에서는 3장과 6장의 사례를 통해 '고객 세분화' (Segmentation)의 개념을 살펴보도록 하겠습니다.

〈그림 18-1〉은 중국 LFD 시장을 고객의 업종에 따라 세분화한 것입니다. 중국에서

LFD(Large Flat Display)를 사용하는 고객은 교통 운송, 상업 시설, 공공 장소, 은행/증권/병원 등 4개 업종으로 구분될 수 있습니다.

각 업종별로 LFD 제품을 사용하는 용도와 시장 크기, 시장 성장률, 경쟁 정도 그리고 제품 구매 시 고려하는 핵심 구매 요인(KBF, Key Buying Factors)은 각각 다음과 같이 조사되었습니다.

■ 교통 운송

● 제품 용도: 공항, 지하철, 버스 정류장, 기차역 등에서 운행 정보를 디스플레이(display)함

● 시장 크기: RMB 1,620만 위안

Segmentation — 마케팅 전략 수립: STP 분석

중국의 대형 디스플레이(LFD) 시장은 아래 4개 업종으로 분류할 수 있으며, 각 고객별 시장의 규모, 성장률, 경쟁 정도, 고객의 구매 고려 요인(Key Buying Factors)은 아래와 같음

중국 LFD 시장의 고객 세분화 및 분석

(단위: RMB 백만 위안)

고객 업종	제품 용도	시장 크기	성장률	경쟁 정도	KBF
교통 운송	공항, 지하철, 버스 정류장, 기차역 등에서 운행 정보를 디스플레이함	16.2	39%	●	제품 수명, 명암비, 디스플레이 기능
상업 시설	대형마트, 슈퍼마켓, 요식업, 브랜드 전문 판매점 등에서 정보 제공, 광고 등의 용도로 사용함	24.6	50%	◗	가격, 간단한 기능
공공 장소	체육관, 전람회, 국제회의센터, 여행지 등에서 정보 제공, 경기 실황, 시설안내 등의 용도로 사용함	7.8	37%	◖	해상도, 명암비, 반응시간
은행/증권/병원	은행 서비스홀, 증권거래소 서비스홀, 병원 고객 대기 장소 등에서 환율, 시황, 제품 소개, 업무 소개, 진찰 정보 등을 디스플레이함	29.7	34%	◐	가격, 반응시간, A/S, 제품 수명

출처 : OOO시장 보고서, In-Depth Interview   高 ●——○ 低

DO NOT DISTRIBUTE   Proprietary and Confidential

〈그림 18-1〉 중국 LFD 시장의 고객 세분화(업종별)

- 시장 성장률: 39%

- 경쟁 정도: 매우 치열

- KBF(핵심 구매 요인): 제품 수명, 명암비, 디스플레이 기능

■ 상업 시설

- 제품 용도: 대형 마트, 슈퍼마켓, 요식업, 브랜드 전문 판매점 등에서 정보 제공, 광고 등의 용도로 사용함

- 시장 크기: RMB 2,460만 위안

- 시장 성장률: 50%

- 경쟁 정도: 치열

- KBF(핵심 구매 요인): 가격, 간단한 기능

■ 공공 장소

- 제품 용도: 체육관, 전람회, 국제회의센터, 여행지 등에서 정보 제공, 경기 실황, 시설 안내 등의 용도로 사용함

- 시장 크기: RMB 780만 위안

- 시장 성장률: 37%

- 경쟁 정도: 치열

- KBF(핵심 구매 요인): 해상도, 명암비, 반응시간

■ 은행/증권/병원

- 제품 용도: 은행 서비스홀, 증권거래소 서비스홀, 병원 고객 대기 장소 등에서 환율, 시황, 제품 소개, 업무 소개, 진찰 정보 등을 디스플레이함

- 시장 크기: RMB 2,970만 위안

- 시장 성장률: 34%

- 경쟁 정도: 보통
- KBF(핵심 구매 요인): 가격, 반응시간, A/S, 제품 수명

따라서 중국 LFD 시장에 진출하고자 하는 기업은 이와 같이 업종별로 세분화된 고객 집단의 특성을 파악하고, 이에 대한 자사 제품 및 서비스의 강점을 고려하여 가장 적합한 고객 집단을 목표(target) 고객으로 선정하게 됩니다.

::: **18.2** 목표 고객 선정하기(Targeting)

〈그림 18-2〉는 산업별로 세분화한 중국 ○○○ 소프트웨어 산업에 대해 중국 진출 기업 K사가 시장 진출 시 우선적으로 공략할 목표(target) 고객을 선정한 사례입니다. 산업에 따라 세분화된 고객 그룹별로 시장 규모, 성장률, 고객 특성, 진입 장벽, 경쟁 수준, 자사 성공사례 등의 항목이 조사되었으며, 구체적인 내용은 다음과 같습니다.

■ 통신 산업
- 시장 규모(전체 시장 대비 백분율): 9,820만 달러(45%)
- 성장률: 43%
- 고객 특성: 빠른 성장 산업, 산업 내 자체 경쟁 및 원가 압박이 큼, 대규모 프로젝트인 경우 입찰 투명성 강화, 소규모 프로젝트는 관시(relationship) 위주로 사업자 선정
- 진입 장벽: 주요 업체들에 의해 시장이 선점된 상태이며, 고객 기반이 있는 중국 현지 파트너 발굴이 관건임
- 경쟁 수준: 치열
- 자사 성공사례: 적음
- 우선순위: 1

■ 금융 산업

● 시장 규모(전체 시장 대비 백분율): 4,800만 달러(22%)

● 성장률: 7%

● 고객 특성: 시장이 성숙 단계이며, 제품 안정성 중시

● 진입 장벽: 글로벌 업체들에 의해 시장이 선점된 상태

● 경쟁 수준: 치열

● 자사 성공사례: 많음

● 우선순위: 4

Targeting							마케팅 전략 수립: STP 분석	

**시장 규모가 크고 성장률이 높은 통신 산업을 1순위 목표 시장으로 하고, 자사의
성공사례가 많고 시장 잠재력이 큰 제조업을 2순위 목표 시장으로 함**

(단위: USD 백만 달러)

고객 세분화	시장규모 (백분율)	성장률	고객 특성	진입 장벽	경쟁 수준	자사 성공사례	우선 순위
통신	98.2(45%)	43%	▪ 빠른 성장 ▪ 자체 경쟁 및 원가 압박 ▪ 대규모인 경우 입찰 투명성 강화, 소규모는 관시 위주로 사업수행	▪주요 업체들에 의해 시장이 선점된 상태 ▪고객기반이 있는 파트너 발굴이 관건임	치열	적음	1
금융	48.0(22%)	7%	▪시장의 성숙 단계 ▪제품 안정성 중시	▪글로벌 업체들에 의해 시장이 선점된 상태	치열	많음	4
정부/공공	34.9(16%)	27%	▪ 정부의 정보화 정책에 따른 활발한 사업 수행 ▪ 안정성 및 브랜드 중시	▪고객기반이 있는 파트너 발굴이 어려움	보통	많음	3
에너지	8.7(4%)	27%	▪지역별 분산 발주 ▪품질 및 안정성 중시	▪지역별로 별도의 영업 수행	보통	적음	5
제조업	6.6(3%)	90%	▪ 빠른 성장과 잠재력 ▪ 소규모 사업이 다수 ▪ 가격에 민감	▪가격 경쟁력을 앞세운 로컬업체와 경쟁	낮음	매우 많음	2
기타	21.8(10%)	-9%	-	-	-	-	6

〈그림 18-2〉 산업별 고객 세분화에 따른 K사의 목표 고객 선정

■ 정부 및 공공 기관

- 시장 규모(전체 시장 대비 백분율): 3,480만 달러(16%)

- 성장률: 27%

- 고객 특성: 정부의 정보화 정책에 따른 활발한 사업 추진, 제품 및 서비스의 안정성 및 기업 브랜드 중시

- 진입 장벽: 고객기반이 있는 파트너 발굴이 어려움

- 경쟁 수준: 보통

- 자사 성공사례: 많음

- 우선순위: 3

■ 에너지 산업

- 시장 규모(전체 시장 대비 백분율): 870만 달러(4%)

- 성장률: 27%

- 고객 특성: 프로젝트가 지역별로 분산 발주되며, 제품 및 서비스의 품질 및 안정성 중시

- 진입 장벽: 중국의 각 지역별로 별도의 영업 수행 필요

- 경쟁 수준: 보통

- 자사 성공사례: 적음

- 우선순위: 5

■ 제조업

- 시장 규모(전체 시장 대비 백분율): 660만 달러(3%)

- 성장률: 90%

- 고객 특성: 산업의 빠른 성장과 높은 잠재력, 소규모 프로젝트가 다수, 제품 및 서비스 가격에 민감함

- 진입 장벽: 가격 경쟁력을 앞세운 로컬업체와 경쟁

- 경쟁 수준: 낮음

- 자사 성공사례: 매우 많음

● 우선순위: 2

 이와 같이 조사 분석된 자료에 따르면, K사의 목표(target) 고객 1순위는 '통신 산업' 의 고객입니다. 통신 산업은 시장 규모가 가장 크고, 성장률도 43%로 빠르게 성장하고 있습니다. 그러나 경쟁이 치열하고 자사의 성공사례가 많지 않다는 약점도 있습니다.

 따라서 중국시장 진입 시, 통신 산업의 고객 기반이 있는 현지 업체를 발굴하여 파트 너십을 체결하는 사업 모델이 필요할 것으로 보입니다. 고객 기반이 있는 현지업체와 파 트너십을 맺는 전제 조건 하에 통신 산업은 중국 ○○○ 소프트웨어 산업에서 K사의 1 순위 목표 고객이 될 수 있습니다.

 목표(target) 고객 2순위는 빠르게 성장하고 있으며, 자사의 성공사례가 매우 많은 '제조업' 고객입니다. '제조업' 고객은 시장 성장률이 빠르고 자사 성공사례가 풍부하여 유리한 점이 있지만, 아직 시장 규모가 작은 단점이 있습니다.

 따라서 '제조업' 시장은 K사의 중국 진출 시, 시장 진입 초기 단계의 성공사례 구축에 적합한 고객으로 판단됩니다. 또한 중국 제조업의 빠른 성장으로 인해 중장기적인 관점 에서 K사의 전략적 목표 고객이 될 수 있습니다.

 〈그림 18-3〉은 〈그림 18-2〉의 목표 고객 선정에 대한 개념을 보여 주고 있습니다. 목 표 고객을 선정하기 위해서 '시장 매력도'와 '자사 적합성'이라는 두 가지 요인을 기준 으로 세분화된 고객을 분석하고 있습니다.

 '시장 매력도'(attractiveness)는 객관적인 입장에서 보았을 때, 세분화된 해당 고객 의 비즈니스 매력도가 얼마나 큰지를 평가하는 것입니다. 〈그림 18-3〉에서 '시장 매력 도'를 평가하는 요인으로는 시장 규모, 성장률, 경쟁 정도입니다. 그리고 각 요인의 중요 도는 '시장 규모〉성장률〉경쟁 정도' 순서입니다.

 이러한 기준에 따라 중국 ○○○ 소프트웨어 산업의 시장 매력도 순위를 보면, 시장 규모가 가장 크고 성장률이 높은 '통신 산업'이 첫 번째이고, 다음으로 성장률이 가장 빠르고 경쟁 정도가 낮은 '제조업', 시장 규모와 성장률, 경쟁 정도에서 모두 중간 수준인 '정부/공공기관' 등의 순서로 결과가 나타납니다.

'자사 적합성'(feasibility)은 시장 진입을 검토하는 K사의 입장에서 어떤 고객이 더 자사의 제품과 서비스에 적합한지를 평가하는 항목입니다. 시장 매력도가 객관적인 기준이라면, 자사 적합성은 자사 입장에서 보는 주관적인 기준입니다. 〈그림 18-3〉에서 '자사 적합성'을 판단하는 요인으로는 자사 성공사례와 진입장벽입니다. 그리고 두 가지 요인의 중요도는 '자사 성공사례〉진입장벽' 순서입니다.

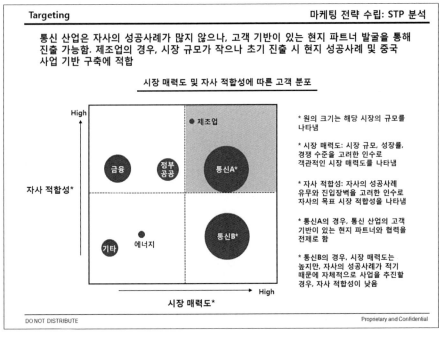

〈그림 18-3〉 시장 매력도와 자사 적합성에 따른 고객 분포

〈그림18-2〉의 조사된 자료에 따라 분석한 자사 적합성의 순위를 보면, 자사 성공사례가 풍부하고 진입장벽이 낮은 '제조업'이 가장 높으며, 다음으로 금융 산업과 정부/공공기관, 통신 산업(A)이 모두 비슷하게 평가되었습니다.

여기서 통신 산업을 통신A와 통신B로 구분한 것은 현지 파트너와의 협력 유무에 따라 구분한 것입니다. 통신 산업에 고객 기반이 있는 현지 업체와 파트너십을 체결할 경우, 통신 산업의 자사 적합성이 높은 반면, 그렇지 않을 경우 자사 성공사례가 많지 않기 때문에 자사 적합성을 낮게 평가한 것입니다.

시장 매력도와 자사 적합성을 종합적으로 검토했을 때, 제조업과 통신 산업(A)이 중국 시장 진입 시 K사의 가장 적합한 목표 고객 그룹인 것으로 분석되었습니다.

이와 같이 시장 매력도와 자사 적합성의 매트릭스(matrix)를 통해 세분화된 다수의 고객을 평가하고 자사의 목표 고객을 선정하는 방식은 목표 고객 선정(targeting)의 기본적인 로직(logic)이라 할 수 있습니다.

::: 18.3 제품 포지셔닝하기(Positioning)

STP 분석의 마지막 단계는 '포지셔닝'입니다. 포지셔닝은 시장이나 고객을 상대로 자사의 제품이나 브랜드의 위치를 결정하는 입니다. 세그먼테이션(Segmentation)과 타깃팅(Targeting)이 고객에 관한 것인 반면, 포지셔닝은 제품에 관한 것입니다. 그래서 포지셔닝을 '제품 포지셔닝'으로 부릅니다. 일반적으로 포지셔닝은 경쟁사 분석과 함께 수행하게 됩니다.

〈그림 18-4〉를 보면, 중국 ○○○ 소프트웨어 시장은 크게 글로벌 기업과 로컬 기업으로 양분되어 있습니다. 따라서 중국시장 진입을 목표로 하는 K사(자사)는 진입 초기, 글로벌 브랜드와 로컬 브랜드의 중간 지점에 위치한 후, 사업을 전개해 나가는 과정에서

포지셔닝 전략을 선택하고자 합니다. K사가 중국 사업을 추진하면서 시장 및 경쟁사의 동향이나 고객의 반응에 따라 예상할 수 포지셔닝 시나리오(scenario)는 크게 3가지로 예상해볼 수 있습니다.

먼저 시나리오 1의 경우, 글로벌 브랜드와 로컬 브랜드의 중간 지점에서 점차적으로 글로벌 브랜드 위치로 포지셔닝을 상향 이동하는 전략입니다. K사는 시장 진입 초기 단계에서 고객 기반 확보와 성공사례 구축을 위해 제품 및 서비스에 대해 일정한 가격할인(discount) 정책을 적용할 계획입니다.

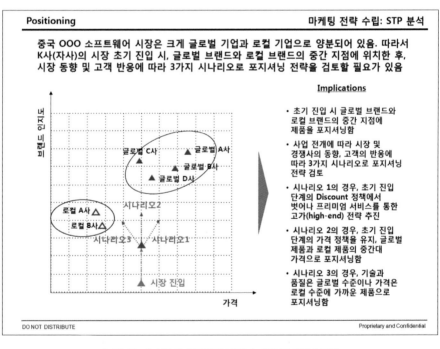

〈그림 18-4〉 K사의 중국시장 진입과 제품 포지셔닝 전략

그러다가 점차로 사업 기반과 현지 서비스가 안정화됨에 따라 프리미엄 이미지와 차별화된 제품 서비스를 통해 고가(high-end) 전략을 추진하는 경우입니다.

시나리오 2의 경우, 글로벌 브랜드와 로컬 브랜드의 중간 지점 위치를 유지하는 전략입니다. 만일 시장 수요가 중고가(中高價)나 중저가(中低價)대의 제품에서 많이 창출된다면, 시장 진입 초기의 가격을 유지하면서 글로벌 기업의 고가(高價) 제품과 로컬 기업의 저가(低價) 제품 중간에 위치한 브랜드로 포지셔닝하는 것이 적절한 전략이 될 수 있을 것입니다.

마지막으로 시나리오 3의 경우, 점차적으로 로컬 브랜드 위치로 포지셔닝을 이동하는 것입니다. 이러한 경우, 품질과 기술력은 글로벌 수준에 가깝지만, 가격은 로컬 기업의 제품에 비해 크게 높지 않은 '가격 대비 품질이 가장 뛰어난' 제품으로 포지셔닝하는 전략입니다.

이와 같이 제품 포지셔닝은 시장 트렌드, 경쟁사 전략, 고객 반응, 자사의 경쟁력 등 여러 가지 요인에 의해 복합적으로 결정되는 작업입니다.

또한 신규 시장 진출 시에는 현재 시점의 최적 판단을 가설로 해서 향후 사업 전개에 따른 다양한 변수에 따라 적절하게 대응할 수 있도록 시나리오 형태의 포지셔닝 전략을 고려할 필요가 있습니다.

마케팅 전략 수립: 성장 목표

지금까지 3C 프레임을 통해 고객(Customer)과 경쟁사(Competitor)를 분석한 사례와 자사(Company)의 마케팅 전략 수립을 위한 5P 경쟁력 평가와 STP 분석 사례를 살펴보았습니다.

그러나 조사와 분석은 그 자체로 목적이 될 수 없습니다. 마케팅 분석 도구를 활용한 조사와 분석을 마친 후에는 새로운 시장에서의 '성장 목표'와 이를 달성하기 위한 구체적인 '실행 계획'이 있어야 합니다. 실행 계획이 가이드라인(guideline) 수준의 마스터 플랜(master plan)이냐 아니면 예산 집행이 가능한 수준의 세부 계획이냐의 차이는 있지만, 마케팅을 통한 성장 목표와 실행 계획을 수립해야 비로소 기본적인 마케팅 전략을 완성했다고 할 수 있습니다.

많은 조사와 분석을 실시하는 목적은 사실상 새로운 시장에서 자사의 제품을 효과적으로 판매하기 위한 것입니다. 따라서 구체적인 성장 목표를 세우는 것은 조사와 분석의 마지막 단계이며 구체적인 실행 작업의 시작이라 할 수 있습니다.

마케팅 전략의 목적 또한 이와 같이 새로운 시장의 성장 목표를 가장 효과적으로 달성하기 위한 방법을 찾는 것이어야 할 것입니다. 따라서 마케팅 전략 수립의 마지막 단계로 19장에서는 성장 목표 수립을, 20장과 21장에서는 실행 계획 수립의 사례를 살펴보도록 하겠습니다.

새로운 시장에서 판매 목표를 세우는 것은 어떻게 생각하면 막연한 문제일 수도 있습니다. 제품 판매를 위해 조사를 하고 분석을 했다 하더라도 새로운 시장에 대해서 여전히 모르는 부분이 많으며, 실제로 사업을 추진할 때 일이 어떻게 전개될지 예측하기가 어렵기 때문입니다.

그래서 많은 경우, 시장 상황을 고려하지 않은 채 자사의 입장에서 일방적으로 판매 목표를 잡는 경우가 많습니다. 중국시장에 진출해서 이 정도는 판매해야지 하는 생각으로 목표를 세우는 것입니다.

그러나 가능하다면 해당 제품의 중국시장 규모와 고객 특성을 어느 정도 파악한 후, 이에 맞춰 판매 목표를 세우는 것이 보다 합리적이고 현실적으로 타당한 방법일 것입니다. 왜냐하면 3C 프레임에서 보았듯이 마케팅이라는 것이 혼자만의 활동이 아니며 고객(Customer), 경쟁사(Competitor), 자사(Company)의 3C 각 주체가 상호 영향을 주고받는 활동으로 이루어지기 때문입니다.

그렇다면 객관적이면서도 비교적 간단하게 자사의 판매 목표를 산정하는 방법을 알아보겠습니다.

〈그림 19-1〉을 보면, 먼저 첫 번째 단계로 ○○○ 소프트웨어 제품의 중국시장 전체 규모(Total Available Market)를 파악하고 있습니다. 이러한 데이터는 시장 조사 기관이나 기존 경쟁사를 통해 구할 수 있는데, ○○○ 소프트웨어 산업의 경우, 시장 조사 기관에서 발간한 산업 보고서를 통해 자료를 수집하였습니다.

산업 보고서를 통해 ○○○ 소프트웨어 산업의 2012년 중국시장 전체 규모는 약 2.2억 달러(USD 218.3 millions)임을 알 수 있습니다. 또한 ○○○ 소프트웨어 산업은 A제품군과 B제품군으로 구성되어 있으며, 시장에서 A제품군이 90% 이상(USD 199.6 millions)의 비중을 차지하고 있습니다.

두 번째 단계로 중국시장에 진출하고자 하는 K사의 목표 시장 규모(Target Market)를 파악하는 것입니다. K사는 STP 분석을 통해 중국 ○○○ 소프트웨어 전체 시장에서 자사에 가장 적합한 목표 고객을 분석하였습니다('18.2 목표 고객 선정하기' 참조).

이에 따르면, 중국시장에서 K사의 가장 적합한 목표 고객은 통신 산업과 제조업이며, 산업 보고서를 통해 통신 산업과 제조업이 중국의 ○○○ 소프트웨어 산업에서 차지하는 비중은 48%인 것을 알 수 있습니다. 따라서 K사의 목표 시장 규모는 2.2억 달러의 48%이며, 이는 약 1억 달러가 되는 것입니다. (USD 218.3 millions×48%= USD 104.8 millions)

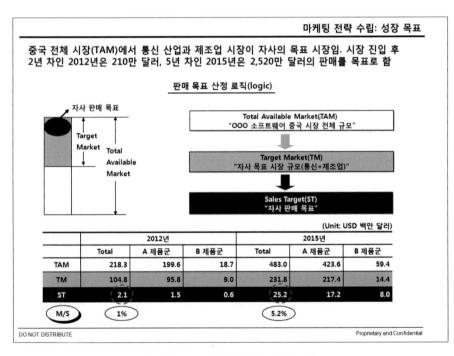

〈그림 19-1〉 K사의 판매 목표 산정 로직

세 번째 단계는 K사의 자사 판매 목표(Sales Target)를 산정하는 단계입니다. K사는 중국 진출 2년 차에는 목표 시장의 2%(전체 시장 기준으로 약 1%)를 차지하는 것을 목표로 정하였습니다.

또한 중국시장에 성공적으로 진출하여 5년간 성장가도를 달리고 있는 '글로벌 A사'를 벤치마킹하여 중국 진출 5년 차에는 시장점유율 5%(목표 시장의 약 10%)를 달성하는 것으로 목표를 정하였습니다(글로벌 A사는 중국 진출 5년 차인 2010년에 시장점유율 5% 달성).

따라서 K사의 2012년 매출 목표는 210만 달러(USD 104.8 millions×2%= USD 2.1 millions)가 되며, 중국 진출 5년 차인 2015년의 매출 목표는 2420만 달러(USD 483 millions×5%= USD 24.2 millions)가 되는 것입니다.

::: 19.2 중장기 성장 계획 세우기

〈그림 19-2〉를 보면, 중국 ○○○ 소프트웨어 산업의 연평균 성장률이 2011년부터 2015년까지 5년간 30.3%임을 알 수 있습니다(산업 보고서 기준). 2016년부터 2020년까지는 다소 감소하여 연평균 성장률이 23% 정도일 것으로 전망됩니다(경제 성장률을 고려한 추정치).

그리고 K사는 중국 ○○○ 소프트웨어 시장에서 진출 2년 차인 2012년에는 '목표 시장의 2%', 진출 5년 차인 2015년에는 '전체 시장의 5%'를 성장 목표로 세웠습니다. 그러면 이를 기점으로 하여 중국 시장에서 K사의 중장기 성장 계획을 세워보도록 하겠습니다.

먼저 중장기 계획의 기준점을 2년 차와 5년 차에 더하여 중국 진출 10년 차로 설정하였습니다. 즉, 중국시장에서 K사는 중장기 계획을 2011년 중국 진출을 기점으로 2년 차, 5년 차, 10년 차의 3단계로 구분한 것입니다.

그리고 중국 진출 10년 차의 성장 목표는 '시장 선두권 진입'이며, 시장 선두권에 진입하기 위해서는 현 시점 기준으로 볼 때, 시장점유율 15% 수준에 도달해야 합니다. 따라서 K사의 중국 진출 10년 차인 2020년 성장 목표는 전체 시장의 15%인 2억 달러가 됩니다. (USD 1328 millions×15%= USD 200 millions)

이와 같이 중국시장에서 K사의 중장기 성장 계획을 요약하면 다음과 같습니다.

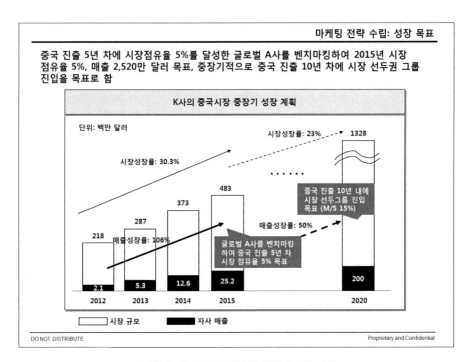

〈그림 19-2〉 K사의 중국시장 중장기 성장 계획

- 1단계(2012년): 중국 시장 진출 2년 차, 목표 시장의 2% 판매
- 2단계(2015년): 중국시장 진출 5년 차, 중국시장의 5% 점유 (글로벌 A사 벤치마킹)
- 3단계(2020년): 중국시장 진출 10년 차, 중국시장의 15% 점유 (시장 선두권 진입)

::: 19.3 단계별 성장 목표 만들기

K사는 성장 계획을 중국 진출 시기를 기준으로 3단계로 구분하였습니다. 그렇다면 각 단계별로 판매 목표를 달성하기 위한 마케팅 활동을 계획해야 할 것입니다.

〈그림 19-3〉을 보면, K사는 성장 단계별로 추진할 마케팅 활동을 각각 진입 단계, 이륙 단계, 성장 단계로 구분하고 있습니다.

먼저 중국 진출 2년 차인 2012년까지는 중국시장 '진입 단계'입니다. 이 단계의 주요 목표는 현지 영업을 위한 채널, 곧 현지 파트너를 개발하여 성공적으로 중국시장에 진입하는 것입니다.

진입 단계의 구체적인 수행 과제는 다음과 같습니다.

- 유통 대리상 개발
- 제품 현지화 작업
- 파일럿(pilot) 프로젝트 수행
- 대리상 양성 및 파트너십 강화
- 현지 사무소-대리상-본사 간의 효과적인 커뮤니케이션 체계 구축

다음으로 중국 진출 5년 차인 2015년까지는 '이륙 단계'입니다. 이 기간의 주요 목표

는 지역 거점, 현지 기술 지원 센터, 제품 차별화 전략 등을 통해 중장기적인 성장 기반을 구축하고, 2,400만 달러 규모의 판매 목표를 달성하는 것입니다.

이륙 단계의 구체적인 수행 과제는 다음과 같습니다.

● 지역 거점 구축(3대 도시)
● 중국 현지 기술 지원 센터 구축
● 고객별/지역별 유통 대리상 커버리지 확대

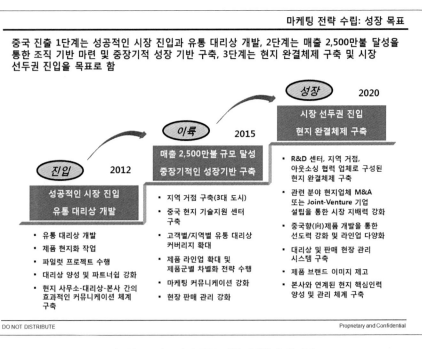

〈그림 19-3〉 K사의 중국 진입 단계별 추진 과제

- 제품 라인업 확대 및 제품군별 차별화 전략 수행
- 마케팅 커뮤니케이션 강화
- 현장 판매 관리 강화

마지막으로 중국 진출 10년 차인 2020년까지는 '성장 단계'로 현지 완결 체제 구축을 통한 시장 선두권 진입이 주요 목표입니다.

성장 단계의 구체적인 수행 과제는 다음과 같습니다.

- R&D 센터, 지역 거점, 아웃소싱(outsourcing) 협력 업체로 구성된 현지 완결체제 구축
- 관련 분야 현지업체 M&A 또는 Joint-Venture 기업 설립을 통한 시장 지배력 강화
- 중국향(向) 제품 개발을 통한 선도력 강화 및 제품 라인업 다양화
- 대리상 및 판매 현장 관리 시스템 구축
- 제품 브랜드 이미지 제고
- 본사와 연계된 현지 핵심인력 양성 및 관리 체계 구축

20장

마케팅 전략 수립: 실행 과제

마케팅 전략에서 '실행 과제'는 구체적인 마케팅 계획을 위한 행동 지침이라고 할 수 있습니다. 다시 말하자면, 마케팅 전략 수립과 구체적인 마케팅 계획을 연결하는 과정이라 할 수 있습니다.

3C 프레임을 따라 4P 분석과 STP 분석을 통해 마케팅 전략의 가이드라인을 수립하였다면, 마지막으로 성장 목표와 함께 실행 과제를 도출함으로써 기본적인 마케팅 전략을 완성하게 됩니다.

::: 20.1 실행 과제 도출하기(1)-조직 운영

19장의 성장 목표를 보면, 중장기적으로 K사는 중국시장 전략을 진입 단계, 이륙 단계, 성장 단계의 3단계로 구분하였습니다. 그러면 먼저 〈그림 20-1〉과 같이 각 단계별로 '조직 운영'의 실행 과제를 도출해보도록 하겠습니다.

먼저 진입 단계(2011~2012년)의 목표는 현지 사무소 설립을 통해 본사와 현지 대리상 간의 효과적인 커뮤니케이션 체계를 구축하며, 판매 목표 210만 달러를 달성하는 것입

니다. 이 단계의 가장 중요한 임무는 '중국시장에 성공적으로 연착륙(soft-landing)' 하는 것이라 할 수 있습니다. 진입 단계의 운영 인력 규모는 주재원 1명을 포함하여 3~5명 수준입니다.

진입 단계의 '조직 운영' 실행 과제를 정리하면, 다음과 같습니다.

■ 진입 단계(2011~2012)

● 성장 목표: 매출 210만 달러, 시장점유율 1%

● 조직 운영: 현지 사무소 설립, 현지 사무소–대리상–본사 간의 효과적인 커뮤니케이션 체계 구축, 중장기 전략 수립

마케팅 전략 수립: 실행 과제

'진입' 단계인 2012년은 현지 사무소 설립 및 3~5명의 조직 구성, '이륙' 단계인 2015년까지는 3대 도시 지역 거점 구축, '성장' 단계인 2020년까지는 현지 완결 체제 구축 목표

Year	2011 하반기　2012	2013　2014　2015	2016　2017　2018　2019　2020
단계	진 입	이 륙	성 장
성장 목표	▪ 매출: 210만 달러 ▪ 시장점유율: 1% ▪ 연평균 성장률: N/A	▪ 매출: 2,500만 달러 ▪ 시장점유율: 5% ▪ 연평균 성장률: 106%	▪ 매출: 2억 달러(2020년) ▪ 시장점유율: 15% ▪ 연평균 성장률: 50%
조직 운영	▪ 현지 사무소 설립 ▪ 현지 사무소-대리상-본사 간의 효과적인 협력 체계 구축 ▪ 중장기 전략 수립	▪ 지역 거점 구축 (베이징, 상하이, 광저우) ▪ 기술지원 센터 설립 ▪ 효과적인 대리상 교육 및 양성 시스템 구축	▪ R&D 센터 설립 ▪ R&D 센터-지역 거점-아웃소싱 협력업체로 구성된 현지 완결 체제 구축 ▪ 로컬 기업 M&A 또는 JV 추진 　- 시장 지배력 및 핵심역량 강화, 비용 절감 등 전사적인 경쟁력 강화 추진
인력	▪ 3~5명(파견 1명) ▪ 현지 대리상과 본사 간의 커뮤니케이션 창구 역할	▪ 20~100명(파견 2~5명) ▪ 채널영업, 마케팅지원, 기술지원 등 운영인력 양성 ▪ 영업 : 기술 = 2 : 1 비율	▪ 160~500명(파견 6~10명) ▪ 본사와 연계된 현지 핵심인력 양성 및 관리 체계 구축 ▪ 영업 : 기술 = 3 : 2 비율

〈그림 20-1〉 조직 운영의 단계별 실행 과제

● 인력 규모: 3~5명(파견 1명), 현지 대리상과 본사 간의 커뮤니케이션 창구 역할

다음으로 이륙 단계(2013~2015년)는 베이징, 상하이, 광저우에 사무실을 설립하여 지역 거점을 구축하고, 기술 지원 센터를 수립하는 것이 목표입니다. 또한 시장점유율 5%을 통해 판매 목표 2,500만 달러를 달성하는 것입니다.

이 기간 동안 조직 규모는 20명 수준에서 100명으로 빠르게 증가할 것으로 보이며, 영업 인력과 기술 인력의 비율은 2:1 정도를 유지할 계획입니다. 이륙 단계의 주된 임무는 '시장 개발과 영업을 통한 판매망 확장'에 있습니다.

이륙 단계의 '조직 운영' 실행 과제를 정리하면, 다음과 같습니다

■ 이륙 단계(2013~2015)

● 성장 목표: 매출 2,500만 달러, 시장점유율 5%, 연평균 성장률 106%
● 조직 운영: 지역 거점 구축(베이징, 상하이, 광저우), 기술 지원 센터 설립, 효과적인 대리상 교육 및 양성 시스템 구축
● 인력 규모: 20~100명(파견 2~5명), 채널영업, 마케팅지원, 기술 지원 등 운영인력 양성, 영업:기술 = 2:1 비율

마지막으로 성장 단계(2016~2020년)는 R&D 센터 설립을 통해 현지 완결 체제를 구축하고, 현지 기업 M&A나 합작회사(Joint-Venture) 설립을 통해 경쟁력을 강화하는 것이 주요 목표입니다. 또한 2020년 매출 2억 달러를 달성하여 시장 선두권에 진입하는 것입니다.

성장 단계의 인력 규모는 160명 수준에서 500명 수준으로 증가시킬 계획입니다. 또한 현지 R&D 역량 강화를 위해 기술 인력의 비율을 높이고, 현지 핵심 인력은 본사의 인재 관리 시스템을 통해 양성하게 됩니다.

성장 단계의 '조직 운영' 실행 과제를 정리하면, 다음과 같습니다

■ **성장 단계(2016~2020)**

● 성장 목표: 매출 2억 달러(2020년), 시장점유율 15%, 연평균 성장률 50%
● 조직 운영: R&D 센터 설립, R&D 센터-지역 거점-아웃소싱 협력 업체로 구성된 현지 완결 체제 구축, 로컬 기업 M&A 또는 JV(Joint-Venture) 추진, 시장 지배력 및 핵심 역량 강화, 비용 절감 등 전사적인 경쟁력 강화 추진
● 인력 규모: 160~500명(파견 6~10명), 본사와 연계된 현지 핵심 인력 양성 및 관리 체계 구축, 영업: 기술 = 3:2 비율

∷ **20.2** 실행 과제 도출하기(2)-마케팅 4P

다음으로 〈그림 20-2〉와 같이 마케팅 4P인 제품(Product), 가격(Price), 유통 채널(Place), 판매 활동(Promotion)에 따라 K사의 단계별 실행 과제를 도출해보도록 하겠습니다.

진입 단계에서는 '제품의 현지화'가 가장 우선 과제입니다. K사는 이를 위해 현지화가 상대적으로 용이한 B제품군을 먼저 출시할 계획입니다.

가격 전략은 일단 글로벌 제품과 로컬 제품의 중간 수준에서 표준 가격(list price)을 책정하고, 일부 제품을 위주로 특별 할인 가격을 제공할 계획입니다.

진입 단계의 유통 채널과 판매 활동은 대부분 현지 대리상을 의존하게 됩니다. 따라서 초기 시장 진입을 위한 '현지 대리상 발굴'이 진입 단계의 가장 중요한 과제입니다.

진입 단계의 '마케팅 4P' 실행 과제를 정리하면, 다음과 같습니다.

■ 진입 단계(2011~2012)

● 제품(product): 현지화가 용이한 B제품군 우선 출시, 전 제품 라인의 단계별 현지화 작업 추진

● 가격(price): 글로벌 제품과 로컬 제품의 중간 수준으로 포지셔닝, 일부 제품 위주로 시장 진입을 위한 특별 할인 가격 제공

● 유통/판매(place/promotion): 초기 시장 진입을 위한 현지 대리상 개발, 대리상 양성 및 파트너십 강화

이륙 단계에서는 제품 라인업(line-up)을 확대하고, 일부 프리미엄(premium) 제품을 출시하며, 제품 차별화 전략을 수행하게 됩니다.

						마케팅 전략 수립: 실행 과제

2012년은 제품 현지화 및 현지 대리상 개발, 2015년까지는 제품 차별화 전략 수행, 2020년 까지는 중국향 제품 출시를 통한 시장 선도력 강화, 핵심 대리상 양성 등 과제 수행

Year	2011 하반기　　2012	2013　2014　2015	2016　2017　2018　2019　2020
단계	진 입	이 륙	성 장
제품	• 현지화가 용이한 B제품군 우선 출시 • 전 제품 라인의 단계별 현지화 작업 추진	• 제품 라인업 확대 및 제품별 차별화 전략 수행 • A제품군 위주로 일부 프리미엄 제품 출시	• 현지 R&D 투자를 바탕으로 중국향(向) 제품 출시 및 시장 선도력 강화 • 로컬업체 M&A 또는 JV를 통한 제품 라인업 다양화 • 제품 브랜드 이미지 제고
가격	• 글로벌 제품과 로컬 제품의 중간 수준으로 포지셔닝 • 일부 제품 위주로 시장 진입을 위한 특별할인 가격 제공	• 글로벌 제품 수준에 근접한 가격 정책 • 다양한 가격대 제품 출시 (프리미엄, 중고가, 보급형)	• 글로벌 제품 수준의 가격 정책 • 경쟁사 가격 전략에 대한 적시 대응 • OEM 또는 JV를 통한 다양한 보급형 (중저가) 제품 기획 출시
유통/판매	• 초기 시장 진입을 위한 현지 대리상 개발 • 대리상 양성 및 파트너십 강화	• 대리상의 고객별/지역별 커버리지 확대 • MDF 정책을 통한 다양한 판매 활동 추진 • 현장 판매 관리 강화	• 등급별 대리상 관리 시스템 구축 • 20~30개 규모의 핵심 대리상 양성 및 선택적 집중 지원 • 판매 현장 관리 시스템 구축

〈그림 20-2〉 마케팅 4P 의 단계별 실행 과제

전반적인 가격 정책은 글로벌 제품 수준에 근접하게 운영하며, 프리미엄 제품부터 보급형 중저가(中低價) 제품까지 다양한 가격대의 제품군을 출시하는 것을 목표로 합니다.

유통 채널 및 영업 활동의 경우, 현지 영업 대리상의 커버리지(coverage)를 확대하고, 대리상 MDF(Market Development Fund) 지원을 통한 다양한 판매 활동을 추진하며 현장 판매 관리를 강화할 계획입니다.

이륙 단계의 '마케팅 4P' 실행 과제를 정리하면, 다음과 같습니다.

■ 이륙 단계(2013~2015)

● 제품(product): 제품 라인업 확대 및 제품별 차별화 전략 수행, A제품군 위주로 일부 프리미엄 제품 출시

● 가격(price): 글로벌 제품 수준에 근접한 가격 정책, 다양한 가격대 제품 출시(프리미엄, 중고가, 보급형)

● 유통/판매(place/promotion): 대리상의 고객별 및 지역별 영업 커버리지(coverage) 확대, MDF 지원을 통한 다양한 판매 활동 추진, 현장 판매 관리 강화

성장 단계에서는 현지 R&D를 바탕으로 중국향(向) 제품을 출시하고, 이를 통해 시장을 선도하는 것이 목표입니다. 또한 현지 기업 M&A나 합작 기업 설립을 통해 제품 라인업을 확대하고, 다양한 중저가 제품을 기획 출시하고자 합니다.

시스템 구축을 통해 대리상 관리와 최종 판매 채널의 현장 관리를 과학적이고 체계적으로 수행하게 됩니다.

성장 단계의 '마케팅 4P' 실행 과제를 정리하면, 다음과 같습니다.

■ 성장 단계(2016~2020)

● 제품(product): 현지 R&D 투자를 바탕으로 중국향(向) 제품 출시 및 시장 선도력 강화, 로컬업체

M&A 또는 JV(Joint-Venture)를 통한 제품 라인업 다양화, 제품 브랜드 이미지 제고

- 가격(price): 글로벌 제품 수준의 가격 정책, 경쟁사 가격 전략에 대한 적시 대응, OEM 또는 JV를 통한 다양한 보급형(중저가) 제품 기획 출시

- 유통/판매(place/promotion): 등급별 대리상 관리 시스템 구축, 20~30개 규모의 핵심 대리상 양성 및 선택적 집중 지원, 판매 현장 관리 시스템 구축

::: 20.3 실행 과제 도출하기(3)-마스터 플랜

마케팅 전략 수립에서 성장 목표와 실행 과제를 도출하는 것은 새로운 시장에서 앞으로 추진할 사업의 청사진을 그리는 것에 비유할 수 있습니다. 따라서 성장 목표와 실행 과제의 내용을 종합하여 한 장(1 page)의 마스터 플랜(master plan)으로 작성하게 되면, 중국시장 전략의 목표와 추진 과제를 중장기적인 관점에서 한눈에 볼 수 있다는 장점이 있습니다.

〈그림 20-3〉은 K사 제품의 중국시장 규모와 K사의 단계별 중장기 성장 목표 그리고 단계별 실행 과제를 종합하여 한 장의 마스터 플랜으로 작성한 사례입니다.

첫 번째 행의 '연도'(Year)는 K사의 중국시장 진출 시기인 2011년부터 시장 진출 10년 차인 2020년까지를 연도별로 표기한 것입니다.

두 번째 행의 '단계'는 K사의 시장 진입 단계를 각각 준비 단계, 진입 단계, 이륙 단계, 성장 단계로 구분한 것입니다.

세 번째 행의 '중국시장 규모'는 관련 기관에서 발간한 시장 조사 보고서의 데이터와 중국의 경제 성장 예측 데이터를 바탕으로 추정한 K사 제품의 중국시장 규모를 백만 달러 단위로 표기한 자료입니다.

네 번째 행의 시장점유율은 K사가 중국시장에서 각 연도별로 목표로 하는 시장점유율

을 A제품군과 B제품군으로 구분하여 표기한 것입니다.

다섯 번째 행의 예상 매출은 K사가 중국시장에서 각 연도별로 목표로 하는 예상 판매액이며, 중국시장 규모와 K사의 목표 시장점유율을 통해 산출하였습니다. 예를 들어, 2015년 A제품의 중국시장 규모가 4억 2,360만 달러이고 K사의 시장점유율 목표는 4.1%이므로 2015년 K사의 A제품 예상 매출은 1,720만 달러가 됩니다. (4억 2,360만 달러×4.1% = 1,720만 달러)

다음으로 성장 목표, 조직/인력, 제품/가격, 유통/판매는 각각 〈그림 20-1〉과 〈그림 20-2〉의 내용과 같이 중국시장에서 K사의 단계별 성장 목표와 추진 과제를 요약한 것입니다.

마케팅 전략 수립: 실행 과제

차이나 마케팅 전략 2020 마스터 플랜

Year	2011 하반기	2012	2013	2014	2015	2016	2017	2018	2019	2020
단계	준비	진입	이륙			성장				
중국시장규모 A제품	$153.6	$199.6	$259.5	$332.2	$423.6	$512.6	$620.2	$750.4	$908.0	$1,098.7
B제품	$12.5	$18.7	$27.5	$40.4	$59.4	$77.8	$101.9	$133.5	$174.9	$229.2
합계	$166.0	$218.3	$287.0	$372.5	$483.0	$590.4	$722.1	$884.0	$1,083.0	$1,327.9
시장점유율 A제품	-	0.8%	1.5%	2.7%	4.1%	5.7%	7.5%	9.3%	10.8%	12.5%
B제품	-	3.2%	5.0%	9.0%	13.5%	17.5%	21.4%	24.5%	26.2%	28.0%
합계	-	1.0%	1.8%	3.4%	5.2%	7.2%	9.5%	11.6%	13.3%	15.2%
예상매출 A제품	-	$1.5	$3.9	$9.0	$17.2	$29.2	$46.7	$70.0	$98.0	$137.2
B제품	-	$0.6	$1.4	$3.6	$8.0	$13.6	$21.8	$32.7	$45.8	$64.1
합계	-	$2.1	$5.3	$12.6	$25.2	$42.8	$68.5	$102.7	$143.8	$201.3
성장 목표	매출 210만 달러		M/S 5%, 매출 2,500만 달러			M/S 15%, 매출 2억 달러, 시장 선두권 진입				
조직/인력	• 현지 사무소 설립 • 3~5명(파견 1명)		• 지역거점 구축(3대 도시) • 20~100명(파견 2~5명)			• R&D 센터 설립, 현지 완결체제 구축 • 160~500명(파견 6~10명), 영업:기술=3:2				
제품/가격	• 제품 현지와 작업 • 글로벌-로컬 중간 위치		• 라인업 확대 및 제품 차별화 • 프리미엄, 중고가, 보급형			• 중국향(向)제품 출시 및 시장 선도력 강화 • 브랜드 이미지 강화+글로벌 수준의 가격 정책				
유통/판매	• 초기 시장 진입을 위한 현지 대리상 개발		• 대리상 커버리지 확대 • 현장 판매 관리 강화			• 대리상 관리 시스템 구축(핵심 대리상 양성) • 판매 현장 관리 시스템 구축				

DO NOT DISTRIBUTE

Proprietary and Confidential

〈그림 20-3〉 차이나 마케팅 전략의 마스터 플랜

마케팅 전략 수립: 영업 채널 개발

중국이라는 새로운 시장에 진출하기 위해서는 일반적으로 사전 조사를 통해 사업 타당성을 검토하게 됩니다. 타당성 검토를 통해 중국 진출을 결정하게 되면, 다음 단계로 가이드라인(guideline)을 제시해줄 수 있는 수준의 기본적인 마케팅 전략이 필요합니다. (본 프로젝트의 1장부터 20장까지의 내용은 이에 대한 구체적인 사례를 예시한 것입니다.)

이와 같은 준비가 되고 나면, 이제 구체적인 사업 추진을 위해 발걸음을 내디디게 되는데, 이때 많은 경우 첫 번째 수행 과제는 중국 내수 시장 영업을 위한 현지 영업 채널을 확보하는 것입니다. 마케팅 전략의 목표가 제품이나 서비스를 판매하는 것이기 때문에 판매 채널을 확보하는 것은 당연한 수순이지만, 이는 중국 사업 초기 단계에서 중요하면서도 쉽지 않은 과제입니다.

중국 사업의 성공과 실패는 적절한 현지 파트너를 발굴하는 것과 이들과의 효과적인 협력 여부에 달려 있다고 해도 과언이 아닙니다. 따라서 중국시장 진입 단계에서 영업과 유통, 판매를 위한 현지 파트너(대리상)를 개발하고, 이들을 통해 현지 시장에 효과적으로 제품을 런칭(launching)하는 것은 중국시장 진출 기업에게 있어서 가장 중요하고 우선적인 과제가 됩니다.

중국 내수 시장 영업을 위해 중국 현지 파트너를 찾는 과정은 마치 기업에서 새로운 사업을 추진할 담당자를 뽑는 과정과 같습니다. 제일 먼저 서류 면접을 통해 1차 후보자를 통과시키는 것처럼 현지 파트너 기업에 대한 기본 자료를 바탕으로 1차 후보 기업 리스트(long-list)를 만들게 됩니다. 이때 1차 후보 기업 리스트는 적게는 10개에서 20개, 많게는 50개에서 100개 정도가 됩니다.

1차 후보 기업 리스트를 만드는 방법은 경우에 따라 다양한 방식이 있습니다. 시장 조사 기관의 보고서에 수록된 기업 리스트를 활용하는 방법, 기존 진출한 주요 기업들의 대리상을 파트너 후보 기업으로 하는 방법, 정부 기관이나 관련 협회에 등록되어 있는 현지

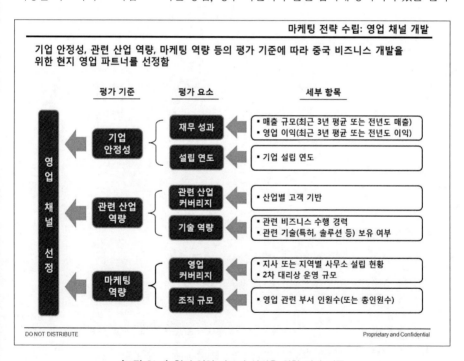

〈그림 21-1〉 현지 영업 파트너 선정을 위한 평가 기준

기업 중에서 일정 조건을 갖춘 기업을 후보 기업으로 하는 방법 등이 여기에 해당됩니다.

1차 후보 기업 리스트를 만들게 되면, 이들 기업을 평가할 기준을 디자인해야 합니다. 〈그림 21-1〉의 사례를 보면 기업 안정성, 관련 산업 역량, 마케팅 역량 등 3가지로 평가 기준으로 구분하고 있습니다. 그리고 각 평가 기준에 따라 파트너 기업을 구체적으로 평가할 세부 항목을 다음과 같이 도출하였습니다.

- 기업 안정성–재무 성과(매출 규모, 영업 이익), 설립연도
- 관련 산업 역량–관련 산업 커버리지(coverage), 기술 역량
- 마케팅 역량–영업 커버리지, 조직 규모

::: 21.2 1차 후보 기업 평가하기

1차 후보 기업의 평가 기준이 만들어지면, 이들 기업에 대한 구체적인 정보를 조사하게 됩니다. 그리고 조사된 구체적인 정보에 따라 1차 후보 기업을 평가합니다.

〈그림 21-2〉를 보면, 본 프로젝트 사례에서는 다음과 같이 평가 기준 별로 각각 비중을 나누고, 각 평가 항목에 따라 가중치를 부여하는 방식으로 1차 후보 기업을 평가하였습니다.

- 기업 안정성(40%)–매출(15%), 이익(15%), 설립연도(10%)
- 관련 산업 역량(30%)–관련 산업 커버리지(15%), 기술 역량(15%)
- 마케팅 역량(30%)–영업 커버리지(15%), 조직 규모(15%)

각 기업에 대한 구체적인 평가 점수는 산업의 특성이나 평가 대상 기업들의 전반적인 상황을 고려하여 설계하게 됩니다. 예를 들어 본 프로젝트 사례에서 '매출' 평가 기준은

다음과 같이 설정했습니다.

- 3년간 평균 연 매출 1,000만 달러 이상일 경우: 10점

- 3년간 평균 연 매출 800만 달러 이상일 경우: 9점

- 3년간 평균 연 매출 600만 달러 이상일 경우: 8점

- 3년간 평균 연 매출 400만 달러 이상일 경우: 7점

- 3년간 평균 연 매출 200만 달러 이상일 경우: 6점

- 3년간 평균 연 매출 200만 달러 미만일 경우: 5점

또한 '산업 커버리지(coverage)'는 다음과 같은 기준으로 점수를 부여했습니다.

평가 기준		기업 안정성 (40%)		관련 산업 역량 (30%)			마케팅 역량 (30%)		총점
평가 항목		매출	이익	설립 연도	산업 커버리지	기술 역량	영업 커버리지	조직 규모	
가중치		15%	15%	10%	15%	15%	15%	15%	
朗新	LongShine	7	9	10	8	8	10	8	8.50
高阳金信	HiSunJinxin	9	8	10	7	8	9	8	8.35
万达	Wonders	7	8	10	8	10	8	8	8.35
中企动力	ChinaEnterprise	8	6	10	8	6	10	10	8.20
方正奥德	FangZhengOuDe	8	6	10	9	10	6	8	8.05
中科软	ChinaSoft	8	6	10	8	10	6	9	8.05
鼎天	DingTian	7	8	9	8	10	6	7	7.80
中兴软创	ZhongXing	7	9	9	7	8	6	8	7.65
宇信易诚	YuCheng	6	6	8	7	8	9	9	7.55
阳光雨露	Sunny	6	6	9	7	6	6	9	6.90

마케팅 전략 수립: 영업 채널 개발

영업 채널 파트너 후보 기업 평가(11-20)

〈그림 21-2〉 1 차 후보 기업 리스트(11~20 위)

- 4개 이상 산업의 고객 기반을 보유하고 있는 경우: 10점
- 3개 산업의 고객 기반을 보유하고 있는 경우: 9점
- 2개 산업의 고객 기반을 보유하고 있는 경우: 8점
- 1개 산업의 고객 기반을 보유하고 있는 경우: 7점

그리고 '조직 규모' 의 경우는 다음과 같은 기준으로 점수를 부여했습니다.

- 조직 규모가 5,000명 이상인 경우: 10점
- 조직 규모가 1,000명 이상인 경우: 9점
- 조직 규모가 300명 이상인 경우: 8점
- 조직 규모가 300명 미만인 경우: 7점

이러한 평가 기준은 산업 특성이나 평가 대상 기업의 전반적인 수준에 따라서도 결정되지만, 현지 파트너 기업을 물색하는 중국 진출 기업이 어떤 역량을 더 중요하게 생각하는 지에 따라서도 가중치를 조절할 수 있습니다. 또한 필요에 따라 조사 평가 항목을 추가할 수도 있습니다.

〈그림 21-2〉를 보면, 위의 평가 기준에 의해 평가된 1차 후보 기업 중에서 11위부터 20위까지의 리스트를 볼 수 있습니다. 그중에서 LongShine(朗新)이라는 기업은 총점 8.50으로 11위로 평가되었고, Sunny(阳光雨露)라는 기업은 총점 6.90으로 20위로 평가되었습니다.

〈그림 21-3〉을 보면, 1차 선정된 기업의 구체적인 프로파일을 볼 수 있습니다. 11위로 평가된 LongShine(朗新)의 기업 프로파일은 다음과 같습니다.

- 2008년 매출 5,110만 달러, 영업 이익률 18%

- 2009년 매출 6,090만 달러, 영업 이익률 18%

- 2010년 매출 6,370만 달러, 영업 이익률 15%

- 설립연도-1996년

- 고객 기반-통신 산업, 전력 산업

- 기술 역량-통신 분야 전문 솔루션 보유

- 영업 커버리지(coverage)-중국 전 지역

- 조직 규모-660명

1차 선정 기업 프로파일(11-20)

회사명	매출액(백만 달러)			영업 이익			설립 연도	고객 기반	기술 역량	영업 커버리지	조직 규모
	08	09	10	08	09	10					
朗新 LongShine	51.1	60.9	63.7	18%	18%	15%	1996	통신, 전력	통신분야 솔루션	전국	660
高阳金信 HiSunJinxin	63.7	86	99.1	13%	11%	10%	2000	금융 산업	금융분야 솔루션	베이징/상하이/선전/홍콩	420
万达 Wonders	28.9	44.3	62	11%	16%	12%	1995	정부, 공공	종합 서비스	상하이/베이징/화동 지역	830
中企动力 ChinaEnterprise	31.7	72.2	87.2	2%	1%	1%	1999	중소기업 전문	아웃소싱	전국	6200
方正奥德 FangZhengOuDe	58.3	83.8	90.4	1%	1%	2%	1999	통신, 정부, 금융	종합 서비스	베이징	580
中科软 ChinaSoft	41.3	58	81.5	3%	4%	4%	1996	정부, 금융	종합 서비스	베이징	1240
鼎天 DingTian	49.6	51.6	63.1	10%	15%	14%	2002	정부, 전력	종합 서비스	베이징	285
中兴软创 ZhongXing	21.3	39.8	65	15%	24%	16%	2003	통신 산업	통신분야 솔루션	난징	635
宇信易诚 YuCheng			67.6			10%	2006	금융 산업	금융분야 솔루션	베이징/상하이/광저우/샤먼/청두	1150
阳光雨露 Sunny	19.7	24	27.8	1%	1%	1%	2002	제조업	아웃소싱	베이징	1230

〈그림 21-3〉 1차 선정된 후보 기업의 프로파일

또한, 20위로 평가된 Sunny(阳光雨露)의 기업 프로파일은 다음과 같습니다.

- 2008년 매출 1,970만 달러, 영업 이익률 1%
- 2009년 매출 2,400만 달러, 영업 이익률 1%
- 2010년 매출 2,780만 달러, 영업 이익률 1%
- 설립연도-2002년
- 고객 기반-제조업
- 기술 역량-아웃소싱 작업 위주(자체 솔루션 없음)
- 영업 커버리지(coverage)-북경
- 조직 규모-1,230명

::: 21.3 최종 파트너 기업 선정하기

〈그림 21-3〉과 같이 1차 후보 기업 리스트를 완성하게 되면, 다음으로 이들 기업에 대한 추가적인 정보를 확인하는 과정을 거쳐 최종 파트너 기업 후보 리스트를 만들게 되고, 마지막으로 쌍방 간의 협의를 통해 최종적인 파트너 기업을 결정하게 됩니다.

〈그림 21-4〉는 1차 후보 기업 리스트 작성부터 시작하여 최종 파트너 기업을 선정하기까지 전반적인 프로세스를 7단계로 구성한 것입니다.

■ 1단계-1차 후보 기업 리스트 작성

〈그림 21-1〉과 〈그림 21-2〉의 평가 기준에 의해 현지 파트너 후보 기업의 1차 리스트를 작성하게 됩니다. 일반적으로 이러한 과정은 1~2개월 정도의 기간이 소요됩니다.

■ 2단계-2차 후보 기업 리스트 작성

1차 후보 기업 리스트를 대상으로 평가를 완료하게 되면(1단계), 다음 단계(2단계)로 2차 후보 기업 리스트를 만들게 됩니다.

1차 후보 기업 리스트의 평가가 객관적인 기업 정보에 따라 평가되었다면, 2차 후보 기업 평가는 파트너십에 대한 협력 의향이 있는지를 알아보는 주관적인 평가 단계입니다. 아무리 뛰어난 역량을 갖춘 기업이라고 해도 파트너십에 대한 의향이 없다면, 후보 리스트에서 제외하게 됩니다.

■ 3단계-구체적인 협력 방식 조사

2차 파트너 후보 리스트를 작성하게 되면, 이들 기업을 대상으로 최종 후보 업체 리스트(short-list)를 만들어야 합니다. 이를 위해 2차 후보 업체를 대상으로 자사의 회사 소개서와 제품 소개서, 협력 방식 및 시기에 관한 설문지 등을 만들어 전달하고, 구체적인 협력 방식을 조사하게 됩니다.

■ 4단계-최종 후보 기업 리스트 작성

2차 후보 업체들로부터 회신을 받게 되면, 최종적으로 자사와의 협력 가능성과 적합성 여부를 검토한 후, 최종 후보 업체 리스트를 작성하게 됩니다. 최종 후보 기업 리스트의 기업 수는 2~3개 정도이거나 많게는 4~5개 정도가 적절합니다.

■ 5단계-양사 간의 공식 미팅 진행

다음으로 최종 후보 업체들과 경영진 및 실무자 간의 공식 미팅을 진행합니다. 이를 통해 양사의 사업 계획을 발표하는 자리를 갖게 되며, 최고 경영진의 경영 마인드라든지 상대 기업의 전략적인 사업 방향과 같은 부분을 구체적으로 확인하게 됩니다.

■ 6단계-파트너십 세부 사항 협의

양사 간의 공식 미팅 후에는 영업 정책이나 파트너십의 세부 조건을 논의하게 됩니다. 쌍방 간의 협력 조건이 합의에 이르게 되면 이를 바탕으로 기본적인 영업 정책 자료를 작성하게 됩니다.

■ 7단계-공식적인 파트너십 체결

마지막으로 파트너십 방식과 구체적인 협력 조건에서 최종 합의된 업체들을 대상으로 양사 간의 공식적인 파트너십 계약을 체결하게 됩니다.

마케팅 전략 수립: 영업 채널 개발

영업 채널 파트너 개발 7단계 프로세스

단계	수행 과제	결과물	참여 대상	소요 기간
1	영업 파트너 평가 기준을 통해 리스트를 작성함	1차 파트너 후보 리스트	컨설팅 기관	1~2개월
2	방문 또는 전화를 통해 협력 의사를 확인함	2차 파트너 후보 리스트	컨설팅 기관	4~5주
3	회사 소개서 및 제품 소개서와 함께 협력 문서를 전달함	회사 소개서 및 제품 소개서 협력 의향 설문지	컨설팅 기관	1~2주
4	업체별 회신을 검토한 후, 구체적인 협력 방식 및 시기 논의	최종 후보 업체 리스트 (2~5개)	컨설팅 기관 자사	2~3주
5	경영증 및 실무자 간의 공식 미팅 진행	사업 계획서 및 발표 자료	자사 컨설팅 기관	2~3주
6	영업 정책 및 파트너쉽 세부사항 협의	영업 정책 자료	자사	1~2주
7	공식적인 파트너쉽 체결	계약서	자사 컨설팅 기관	2~3주

〈그림 21-4〉 영업 채널 파트너 개발 7 단계 프로세스

차이나 프레임으로 보는 **기초 마케팅 전략**

차이나 프레임으로 보는

기초 마케팅 전략

부 록

부록 –
슬라이드 모음집

마케팅 전략의 3C 프레임

3C 분석 서론

전략도출 프레임워크

시장과 고객(Customer) 및 경쟁사(Competitor) 분석을 통하여 AAA사(Company)의 중국시장 진입 전략의 가이드라인을 도출함

마케팅 전략 3C 프레임워크

Company

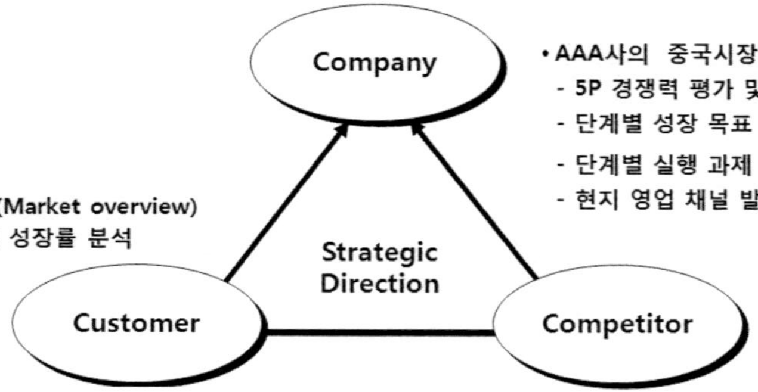

- AAA사의 중국시장 진입 가이드라인 도출
  - 5P 경쟁력 평가 및 STP 분석
  - 단계별 성장 목표 수립
  - 단계별 실행 과제 도출
  - 현지 영업 채널 발굴

Competitor

- 경쟁사 5P 분석
  - 사업 조직 분석(People)
  - 제품 구성 및 포지셔닝 분석(Product)
  - 주요 모델별 가격 정책 분석(Price)
  - 판매 유통 경로 분석(Place)
  - 판매 영업활동 분석(Promotion)

Customer

- 시장 현황 이해(Market overview)
  - 시장 규모 및 성장률 분석

- 고객 분석
  - 고객 세분화 및 특징 분석
    (지역, 산업, 가격대, 연령대, 생활양식, 구매채널 등)
  - 고객의 구매 프로세스 분석
  - 구매 결정시 주요 판단 요소 분석
    (Key Buying Factors)

Strategic Direction

〈그림 1-1〉 마케팅 전략 3C 프레임워크

3C 분석의 수행 과제

조사 단계별 수행 과제

3C 분석 서론

마케팅 전략을 3C 프레임워크를 통해 각 영역별로 도출된 주요 과제를 수행, 프로젝트는 시장 및 고객 분석 → 경쟁사 분석 → AAA사의 전략 가이드라인 도출 순으로 진행함

3C	Customer	Competitor	Company
목적	시장 현황 파악 및 고객 특징 이해	경쟁사 현황 파악 주요 경쟁사의 5P 분석	자사의 마케팅 전략 수립

수행 과제

Customer

Task 1. Market overview
· OOO 제품의 중국시장 규모와 향후 5년간 성장률은 어떠한가?

Task 2. Segmentation
· 시장은 어떻게 세분되어 있는가?

Task 3. Buying process
· 고객은 어떤 경로를 통해 제품을 구매하는가?

Task 4. Key buying factors
· 고객이 제품을 구매할 때 어떤 요인에 의해 결정하는가?

Competitor

Task 5. C_People
· 주요 경쟁사의 사업 조직은 어떻게 구성되어 있는가?

Task 6. C_Product
· 주요 제품의 구성 및 포지셔닝은?

Task 7. C_Pricing
· 경쟁사의 가격 정책 및 제품 모델별 시장 판매 가격은?

Task 8. C_Place
· 판매 유통채널은 어떠한가?

Task 9. C_Promotion
· 경쟁사의 주요 판매 활동은?

Company

Task 10. 5P and STP analysis
· 주요 경쟁사 대비 마케팅 4P와 조직(People) 경쟁력 평가
· 자사의 중국 시장 고객 세분화 및 목표 고객 설정
· 시장 진입 후 제품 포지셔닝 전략 도출

Task 11. Objectives and Tasks
· 시장 진입 후 연도별 성장 목표 및 단계별 실행 과제 도출
· 1 페이지 마스터 플랜 작성

Task 12. Channel Development
· 현지 파트너 발굴을 위한 현지 기업 평가 및 개발 프로세스

《그림 1-2》 3C 분석의 조사단계별 수행 과제

산업 보고서 검색

관련 보고서 검색하기

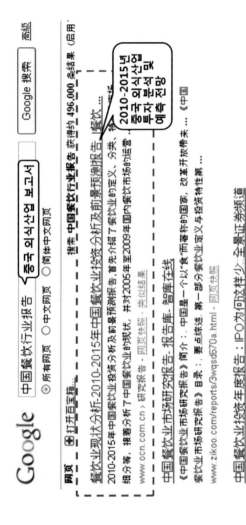

《그림 2-1》 '중국 외식산업 보고서'의 구글 검색 결과

산업 보고서 목차(1)

보고서 목차 살펴보기(1)

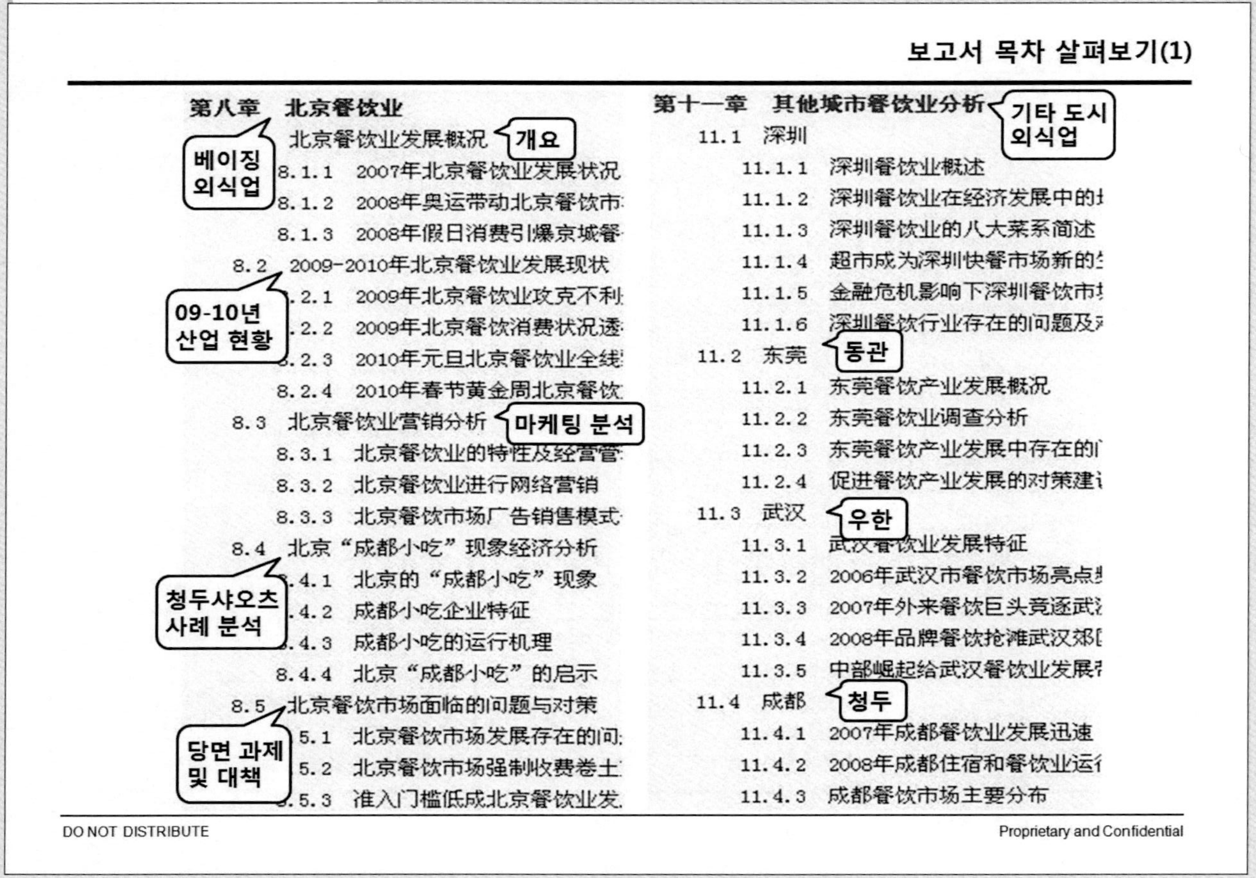

〈그림 2-2〉 검색된 보고서의 8 장과 11 장 목차-주요 도시별 시장 분석

산업 보고서의 목차(2)

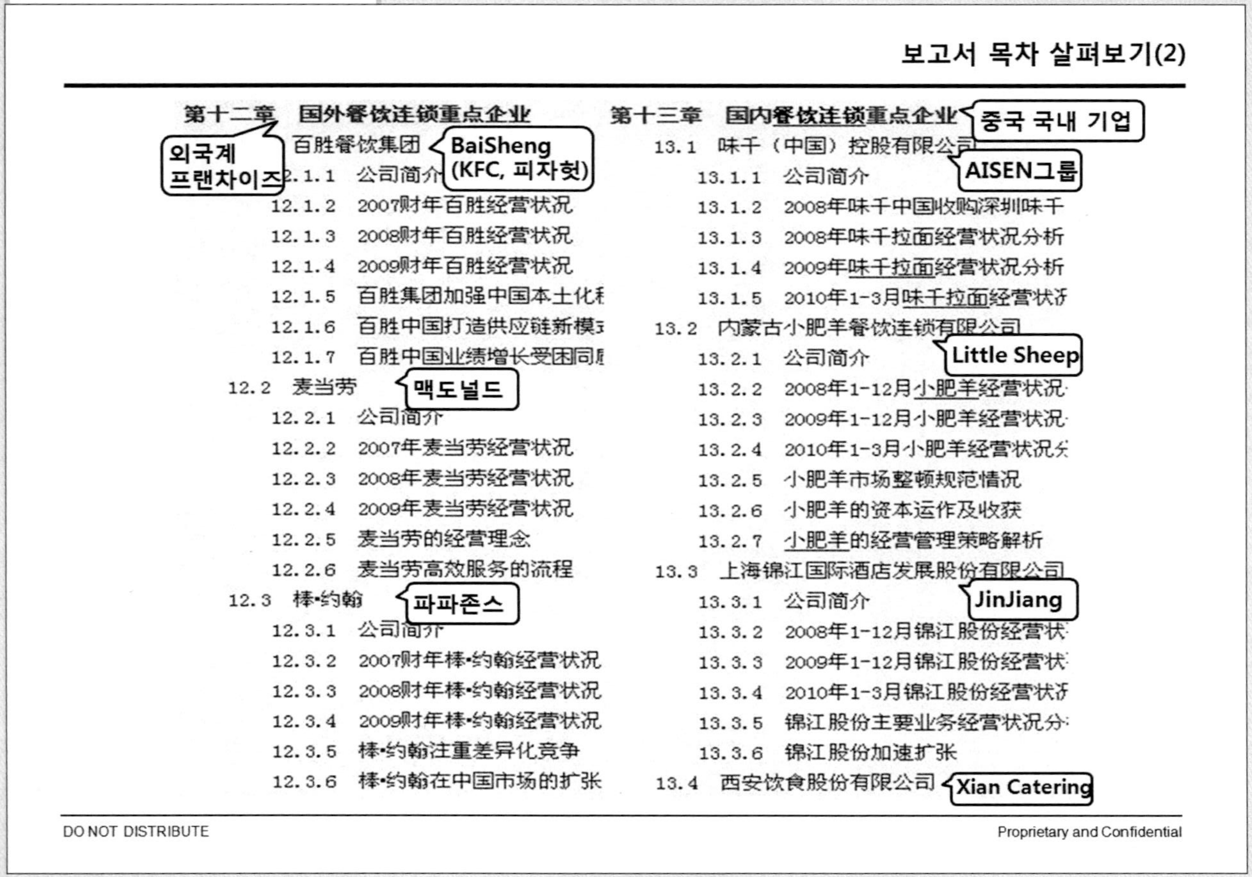

보고서 목차 살펴보기(2)

第十二章 国外餐饮连锁重点企业　[외국계 프랜차이즈]

《그림 2-3》 검색된 보고서의 12 장과 13 장 목차—주요 기업 현황 분석

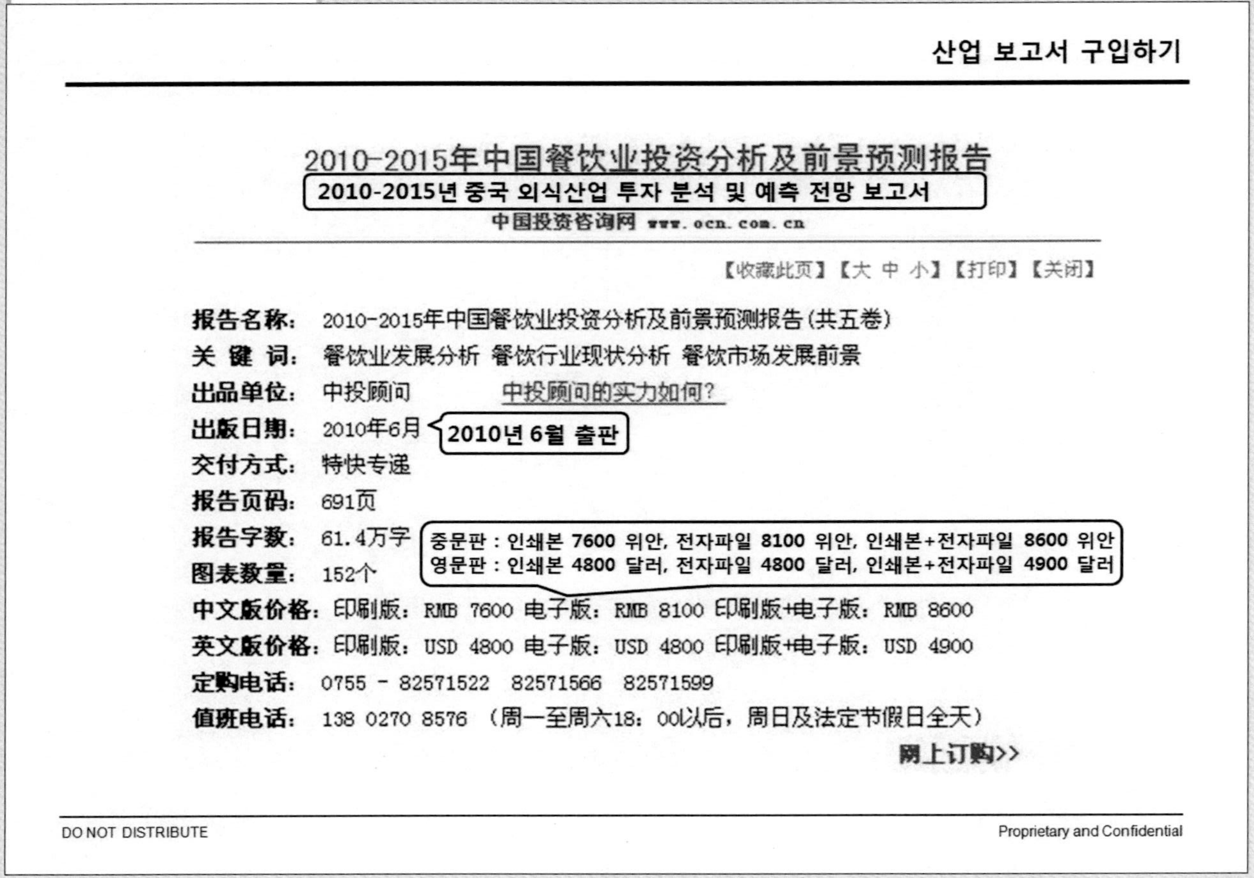
산업 보고서 구입하기
2010-2015年中国餐饮业投资分析及前景预测报告
2010-2015년 중국 외식산업 투자 분석 및 예측 전망 보고서
中国投资咨询网 www.ocn.com.cn
【收藏此页】【大 中 小】【打印】【关闭】
报告名称：2010-2015年中国餐饮业投资分析及前景预测报告(共五卷)
关 键 词：餐饮业发展分析 餐饮行业现状分析 餐饮市场发展前景
出品单位：中投顾问 中投顾问的实力如何?
出版日期：2010年6月
2010년 6월 출판
交付方式：特快专递
报告页码：691页
报告字数：61.4万字
图表数量：152个
중문판 : 인쇄본 7600 위안, 전자파일 8100 위안, 인쇄본+전자파일 8600 위안
영문판 : 인쇄본 4800 달러, 전자파일 4800 달러, 인쇄본+전자파일 4900 달러
中文版价格：印刷版：RMB 7600 电子版：RMB 8100 印刷版+电子版：RMB 8600
英文版价格：印刷版：USD 4800 电子版：USD 4800 印刷版+电子版：USD 4900
定购电话：0755 - 82571522 82571566 82571599
值班电话：138 0270 8576 （周一至周六18：00以后，周日及法定节假日全天）
网上订购>>
DO NOT DISTRIBUTE
Proprietary and Confidential

〈그림 2-4〉 산업 보고서 구매 관련 정보

시장 규모 이해

시장 분석 – 산업 보고서

시장 규모 예측

2011년 시장 규모는 1.66억 달러이며, 연평균 30.4% 성장을 통해 2015년에는 4.83억 달러가 될 것으로 예측됨

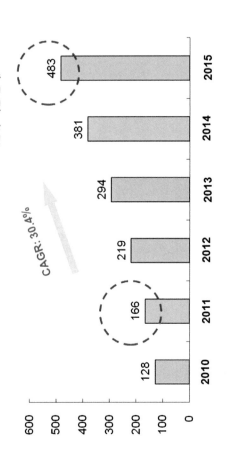

향후 5년간 OOO 소프트웨어 시장 규모

(단위: 백만 달러)

CAGR: 30.4%

| 2010 | 2011 | 2012 | 2013 | 2014 | 2015 |
| 128 | 166 | 219 | 294 | 381 | 483 |

출처: **ABC시장조사기관**, 2011년 1월

《그림 3-1》 향후 5 년간 OOO 소프트웨어의 중국시장 규모

시장 구조 파악

산업별 비중

시장 분석 – 산업 보고서

산업별로는 통신 산업 고객이 전체 시장의 45% 비중으로 가장 높으며, 금융, 정부 부문이 각각 22%, 16%를 차지하고 있음

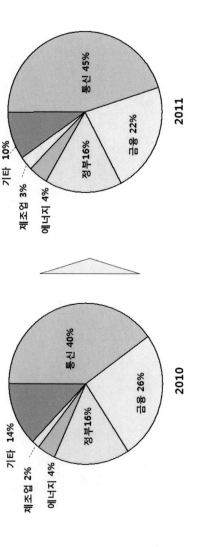

2010

2011

출처: ABC시장조사기관, 2011년 1월

《그림 3-2》 ○○○소프트웨어의 산업별 세분화 시장

경쟁 현황 파악

시장 분석 – 산업 보고서

주요 경쟁사 현황

경쟁업체별로는 하드웨어 기반의 글로벌 글로벌 B와 글로벌 D, 솔루션 전문업체인 글로벌 A와 글로벌 C, 그리고 로컬 업체인 로컬 A, 로컬 B, 로컬 C 등이 시장을 선점하고 있음

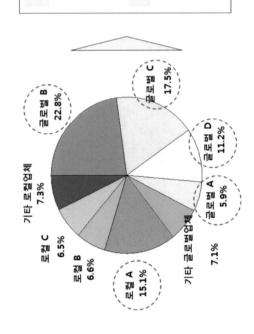

출처: ABC시장조사기관, 2011년 1월

글로벌 기업

- 글로벌 B사는 기존 하드웨어 고객채널을 기반으로 시장을 선점하고 있음
- 글로벌 A사의 경우, 2005년부터 사업 시작, 최근 40~50%의 성장세를 보임

중국 현지 기업

- 로컬업체의 경우, 초기 글로벌업체의 기술파트너 및 유통파트너로 시작
- 현재 로컬 로컬 A를 포함한 몇몇 업체는 글로벌 브랜드 영업 이외 자사 제품을 개발, 판매하고 있음

<그림 3-3> ○○○소프트웨어 시장의 경쟁사 현황

시장 현황

시장 분석 – 인터넷 검색 자료

2010년 헤어 미용 제품의 중국시장 규모는 약 2억 달러 정도이며, 연평균 성장률은 15~20% 수준으로 예상됨

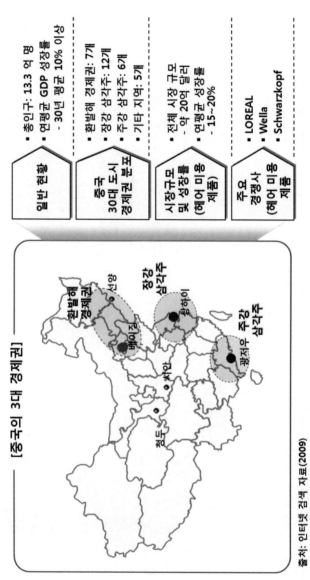

[중국의 3대 경제권]

일반 현황
- 총인구: 13.3 억 명
- 연평균 GDP 성장률
  - 30년 평균 10% 이상

중국 30대 도시 경제권 분포
- 환발해 경제권: 7개
- 장강 삼각주: 12개
- 주강 삼각주: 6개
- 기타 지역: 5개

시장규모 및 성장률 (헤어 미용 제품)
- 전체 시장 규모
  - 약 20억 달러
- 연평균 성장률
  - 15~20%

주요 경쟁사 (헤어 미용 제품)
- LOREAL
- Wella
- Schwarzkopf

출처: 인터넷 검색 자료(2009)

〈그림 4-1〉 헤어 미용 제품의 중국시장 현황

마케팅 컨셉트 작성

마케팅 컨셉트

베이징의 헤어 미용 제품 시장은 헤어컷 가격대에 의해 세분화할 수 있으며, 헤어컷 가격대가 7달러 이상인 헤어샵(목표 고객)은 약 1,050개 정도임

시장 분석 – 인터넷 검색 자료

마케팅 기본 컨셉트

- 시장 세분화(Segmentation)
  - 헤어샵 대상의 B2B 판매를 위해 헤어컷 가격 기준으로 베이징의 헤어샵을 세분화함
- 목표 시장(Targeting)
  - 헤어컷 가격대가 7달러 이상인 헤어샵이 주요 목표 고객임(베이징 기준 1050개)
- 제품 포지셔닝(Positioning)
  - 기존 프리미엄 브랜드의 보완 제품 (헤어샵 디자이너 및 고객의 새로운 선택)
- 세일즈 포인트
  전체 헤어 미용 제품 라인업 보유
  - 테크니컬 제품(염색제)부터 두피 관리 제품까지
  - 테크니컬 제품을 위한 정기적 제품 교육 실시

가격대별 헤어샵 분포 – 베이징
(헤어컷 가격 기준)

	총 헤어샵 개수	3달러 미만	$3~ $7	$7~ $25	25달러 이상
	61050	40000	20000	1000	50

출처: 인터넷 검색 자료(2009)

〈그림 4-2〉 헤어 미용 제품의 중국 마케팅 기본 컨셉트

KBF(핵심 구매 요인) 분석

KBF 분석

B2C 고객 분석

핵심 구매 요인(KBF, Key Buying Factors)

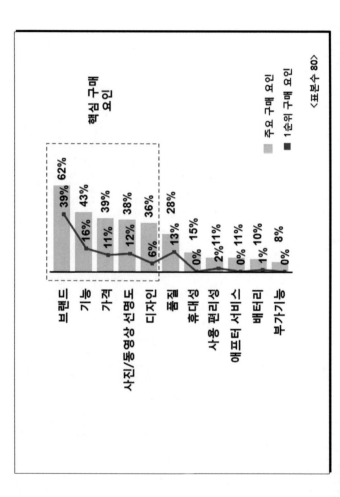

〈그림 5-1〉 디지털카메라의 핵심 구매 요인

기능 선호도 분석

기능 선호도

B2C 고객 분석

경쟁사 대비 기능 선호도 비교 분석

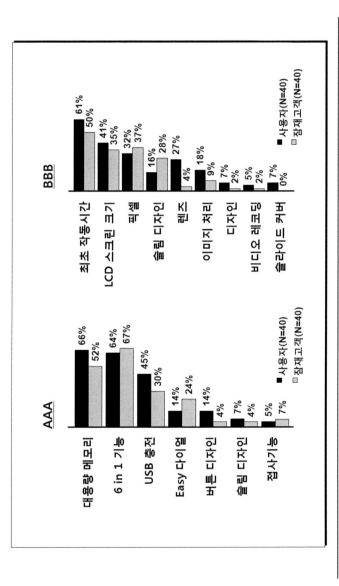

〈그림 5-2〉 AAA 제품과 BBB 제품의 기능 선호도 비교

조사 범위와 분석 성의

조사 목적과 범위

B2B 고객 분석

중국 대형 디스플레이(LFD) 시장의 B2B 고객 분석, 영업 채널 분석, 경쟁사 분석 등을 통해 LFD B2B 사업을 위한 전략적 가이드라인을 수립하는 것이 본 조사의 주요 목적임

조사 목적 및 수행 과제

본 조사의 목적은 중국의 LFD 시장 이해와
주요 고객 분석을 통해 시장 기회를 파악하고
마케팅 전략의 전략적 가이드라인을 수립하는 것임

- **LFD B2B 시장 규모 및 세부 시장 파악**
- **경쟁사의 B2B 업무 및 영업 채널 분석**
- **기존/잠재 B2B 고객 특징 이해(구매 프로세스, KBF)**
- **목표 고객 분석 및 제품 포지셔닝 전략**
- **시장 환경, 경쟁사 분석 및 고객에 대한 종합적인 분석을 통해 향후 사업 추진을 위한 전략적 가이드라인 제시**

〈그림 6–1〉 B2B 고객 분석을 위한 조사 목적 및 범위

조사 범위 및 조사 대상

¶ 제품
- 시장 및 고객 분석(규모 및 고객 세분화)
- 경쟁사 분석(조직 구조, 영업 채널)
- 타깃 고객 조사 및 전략적 방향 수립

¶ 지역
- 1급 도시: 베이징, 상하이, 광저우, 청두, 선양
- 2급 도시: 톈진, 지난, 칭다오, 스좌장, 정저우, 난징, 항저우, 선전, 푸저우, 창사, 쿤밍, 충칭, 다롄, 창춘, 하얼빈(15개 도시)

¶ 조사 대상
- 각 도시별 대리상
- 각 도시별 주요 B2B 고객
- 경쟁사: A사, B사, C사(3개사)
- 업계 전문가

〈그림 6–1〉 B2B 고객 분석을 위한 조사 목적 및 범위

고객 세분화 분석

고객 세분화

B2B 고객 분석

중국의 대형 디스플레이(LFD) 시장은 아래 4개 업종으로 분류할 수 있으며, 각 고객별 시장의 규모, 성장률, 경쟁 정도, 고객의 핵심 구매 요인(Key Buying Factors)은 다음과 같음

중국 LFD 시장의 고객 세분화

(단위 : RMB 백만 위안)

고객 업종	제품 용도	시장 크기	성장률	경쟁 정도	KBF
교통 운송	공항, 지하철, 버스 정류장, 기차역 등에서 운행 정보를 디스플레이함	16.2	39%	●	제품 수명, 명암비, 디스플레이 기능
상업 시설	대형마트, 슈퍼마켓, 요식업, 브랜드 전문 판매점 등에서 정보 제공, 광고 등의 용도로 사용함	24.6	50%	◔	가격, 간단한 기능
공공 장소	체육관, 전람회, 국제회의센터, 여행지 등에서 정보제공 경기 실황, 시설안내 등의 용도로 사용함	7.8	37%	◖	해상도, 명암비, 반응시간
은행/증권/병원	은행 서비스홀, 증권 거래소 서비스홀, 병원 고객 대기 장소 등에서 환율, 시황, 제품 소개, 업무 소개, 진찰 정보 등을 디스플레이함	29.7	34%	◑	가격, 반응시간, A/S, 제품 수평

高 ●—○ 低

출처 : OOO시장 보고서, In-Depth Interview

《그림 6-2》중국 LFD 시장의 고객 세분화 및 분석

구매 프로세스 및 KBF 분석

구매 프로세스 및 KBF

B2B 고객 분석

A타입 제품의 구매 과정에서는 인테리어 회사의 설계사가 가장 영향력 있는 KDM이며, 구매 결정 시 핵심 고려 요인인 KBF는 건물 구조, 냉방력, 가격, 브랜드 및 품질 등임

- 제품 구매 프로세스
  ① 사용자 – 인테리어 회사에 제품 및 시공 문의
  ② 인테리어 회사 – 설계사는 사용자에게 적정한 제품 유형 및 브랜드 제안
  ③ 사용자 – 제품 유형 및 브랜드 최종 선택
  ④ 인테리어 회사 – 사용자 결정에 따라 제품 설치 회사(판매상, 대리상, 도소매상)를 선정하여 제품 구매
  ⑤ 설치 회사 – 제품 설치 및 A/S 제공

- KDM* 및 KBF**

KDM	사용자	인테리어 회사의 설계사
영향력	30%	70%
KBF	1. 가격 2. 냉방력 3. 디자인	1. 건물 구조 2. 냉방력 3. 브랜드 및 품질

* KDM: Key Decision Makers, 핵심 구매 결정자

** KBF: Key Buying Factors, 핵심 구매 고려 요인

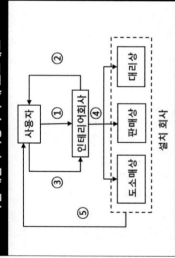

A타입 제품의 사용자 구매 프로세스

사용자

인테리어회사

도소매상 　 판매상 　 대리상

설치 회사

설계사 고려 요인 (高 → 低):
건물 구조
AC 냉방력
브랜드 및 품질
가격
디자인

사용자 고려 요인 (高 → 低):
가격
AC 냉방력
디자인
브랜드 및 품질
기능

출처 : In-Depth Interview

〈그림 6-3〉 시스템 에어컨 A 타입 제품의 구매 프로세스

구매 프로세스 및 영향력 분석

구매 프로세스 및 영향력 | B2B 고객 분석

B타입 제품의 구매 과정에서는 개발상 및 기전컨설팅 회사의 영향력이 가장 중요함

① 개발상 - 경쟁성 협상 혹은 입찰 방식으로 총도급상에게 프로젝트를 위탁함, 개발상 자체가 총도급상 역할을 하는 경우도 있음

② 개발상 - 프로젝트도 컨설팅 회사(건축사 사무소/기전 컨설팅 회사)를 조정하는 경우도 있음

③ 기전 컨설팅회사 - 제품의 시스템을 설계하기도 하며 개발상 및 총도급상에게 제품의 유형 및 추천 브랜드를 제안함

④ 개발상 - 프로젝트 요구조건과 예산에 근거하여 제품 유형 및 브랜드 최종 확정

⑤ 개발상과 총도급상 - 경쟁성 협상 혹은 입찰 방식으로 제품 설치회사를 모집

⑥ 제품 설치 회사(기전 도급상) - 프로젝트틀이 제품 유형과 브랜드에 따라 설치 가격 제안

⑦ 개발상과 총도급상 - 제품 설치 회사 최종 결정

⑧ 제품 설치 회사 - 대리상 또는 판매상으로부터 제품 구매 및 시공

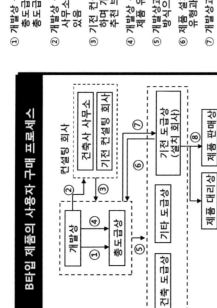

B타입 제품의 사용자 구매 프로세스

출처 : In-Depth Interview

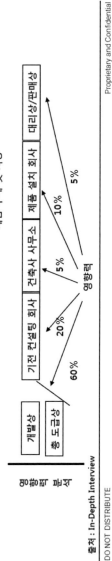

〈그림 6-4〉 시스템 에어컨 B 타입 제품의 구매 프로세스

시장 경쟁 노트(1)

3C 분석 - 경쟁사 분석

중국 세탁기 시장에서 글로벌 브랜드는 7개, 시장 점유율은 43%이고, 중국 현지기업의
브랜드는 주요 4개 기업과 여러 기타 브랜드로 구성, 시장 점유율은 57%임

중국 세탁기 시장의 글로벌 및 로컬 기업 비중
(판매 금액 기준)

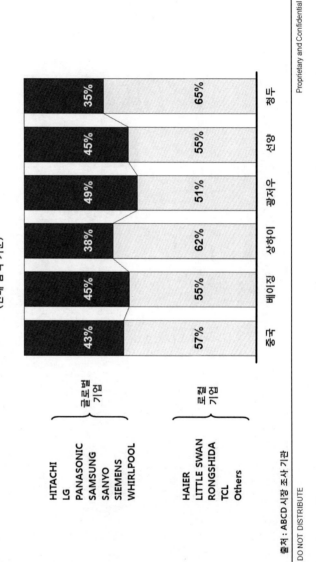

〈그림 7-1〉 중국 세탁기 시장의 글로벌 및 로컬 기업 비중

시장 경쟁 구도(2)

3C 분석 - 경쟁사 분석

중국 LCD TV 시장은 최근 1년간 빠르게 성장하고 있으며, 금년 2분기 기준으로 글로벌 기업의 시장 점유율 비중이 전년 대비 9% 증가함

중국 LCD TV 시장의 글로벌 및 로컬 기업 매출 추세

(판매 금액 기준)

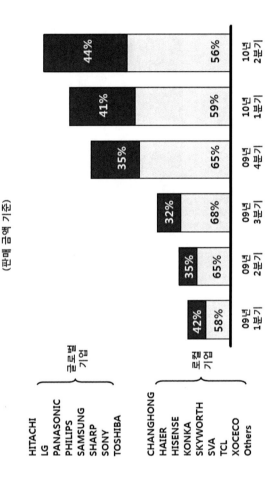

HITACHI
LG
PANASONIC
PHILIPS
SAMSUNG } 글로벌 기업
SHARP
SONY
TOSHIBA

CHANGHONG
HAIER
HISENSE
KONKA
SKYWORTH } 로컬 기업
SVA
TCL
XOCECO
Others

	09년 1분기	09년 2분기	09년 3분기	09년 4분기	10년 1분기	10년 2분기
글로벌	42%	35%	32%	35%	41%	44%
로컬	58%	65%	68%	65%	59%	56%

출처 : ABCD 시장 조사 기관

〈그림 7-2〉 중국 LCD TV 시장의 글로벌 및 로컬 기업 매출 추세

3C 분석 - 경쟁사 분석

중국 냉장고 시장은 5개의 글로벌 브랜드와 7개 주요 로컬 브랜드로 구성되어 있으며, 시장 점유율 1위 기업은 로컬 기업인 HAIER, 2위 기업은 글로벌 기업인 SIEMENS임

중국 냉장고 시장의 기업별 시장 점유율
(판매 금액 기준)

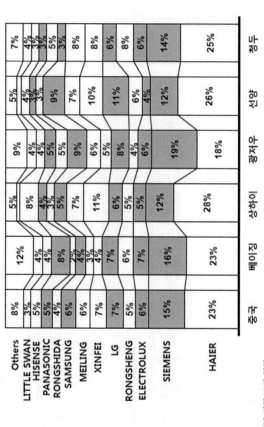

<그림 7-3> 중국 냉장고 시장의 기업별 시장점유율

출처 : ABCD 시장 조사 기관

판매 조직도 분석(1)

경쟁사 5P 분석 - People

AAA사 중국 판매 법인 조직도

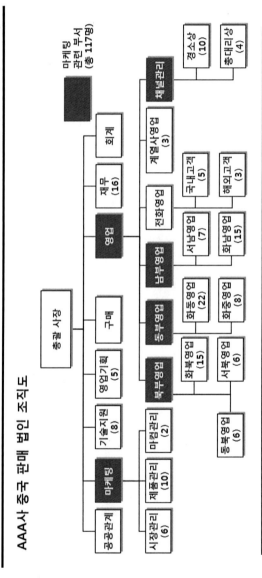

마케팅 관련 부서
(총 117명)

- 마컴 관리(Marketing Communication): 광고, 홍보 및 PR 관련 대행사 관리
- 제품 관리: 제품 사양 선정, 가격책정, 제품교육, 경쟁사 분석 등
- 영업 기획: 판매생산 계획 수립, 부품 tracking 및 관리, 특별주문서 관리(특별할인가격으로 신청된 주문)
- 영업 관리: 해당 지역 내 판매관리, 대리상관리, Key account(B2B 고객) 영업 등
- 전화 영업: 중국/해외 기업 고객 대상 In-bound/Out-bound 수행
- 총대리상/경소상 관리: 중국 지역의 총대리상 및 경소상 관련 판매정책 수립 및 시행

<그림 8-1> AAA 사 중국 판매 법인 조직도

경쟁사 5P 분석 - People

BBB사 중국 판매 총괄 조직도

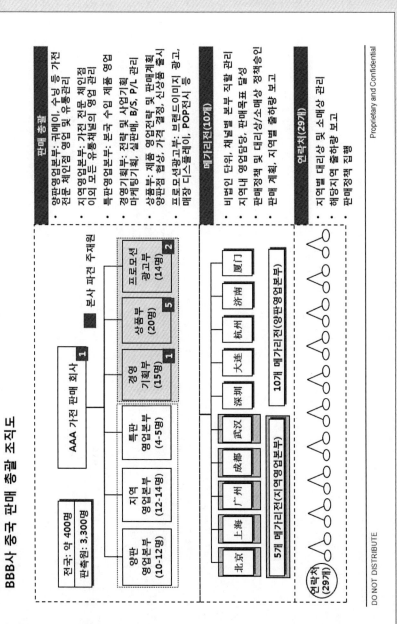

판매 총괄

- 양판영업본부: 권매이, 수닝 등 가전 전문 체인점의 영업관리
- 지역영업본부: 가전 전문 체인점 이외 모든 유통채널의 영업 관리
- 특판영업본부: 본사 수입 제품 영업
- 경영기획부: 전략 및 사업기획 마케팅기획, 실판매, B/S, P/L 관리
- 상품부: 제품 영업전략 및 판매계획 양판점 협상, 가격 결정, 신상품 출시
- 프로모션광고부: 브랜드이미지 광고, 매장 디스플레이, POP전시 등

메가리전(10개)

- 비법인 단위, 채널별 본부 직할 관리
- 지역내 영업담당, 판매목표 달성
- 판매정책 및 대리상/소매상 정책승인
- 판매 계획, 지역별 총하량 보고

연락처(297개)

- 지역별 대리상 및 소매상 관리
- 해당지역 총하량 보고
- 판매정책 집행

〈그림 8-2〉 유통 중심으로 조직된 BBB 사의 판매 조직도

판매 조직도 분석(3)

경쟁사 5P 분석 - People

BBB사 지역 영업 본부 조직도

기획담당(4명)

지역영업본부

| | 전체: 약 250명 |
| 판촉원: 1,800명 |

채널개발(9명)

화동
거점 : 상하이

화북
거점 : 베이징

화남
거점 : 광저우

동북
거점 : 다롄

대서부
거점 : 청두

대가리전

연락처

주요임무

上海, 江苏, 浙江, 安徽, 山东, 湖北 (75명)

北京, 天津, 河北, 山西, 河南, 内蒙古 (30명)

广西, 湖南, 广东, 江西, 福建, 深圳 (70명)

黑龙江, 吉林, 辽宁 (30명)

重庆, 四川, 云南, 贵州, 西藏, 新疆, 陕西, 甘肃 (30명)

지역영업본부
• 새로운 대리상 및 소매상 유통채널개발
• 유통 채널 정리, 개발, 통합

각 매가리전(大区)
• 성급 연락처 관리
• 지역별 출하량 보고
• 판매정책 및 대리상/소매상 협상정책을 승인함
• 판매예측 및 계획

연락처(联络处)
• 지역별 대리상 및 소매상 관리
• 해당지역 출하량 보고
• 판매정책 지행

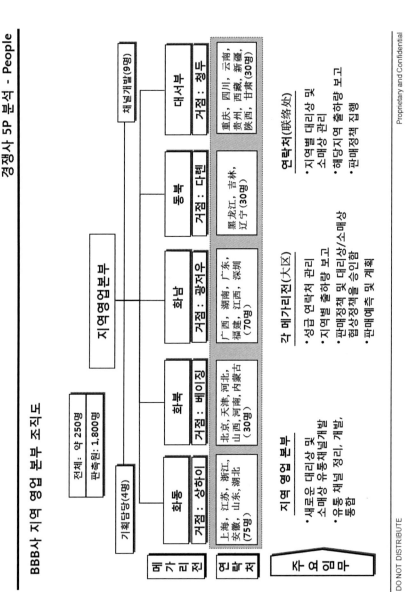

《그림 8-3》 BBB 사 지역 영업 본부 조직도

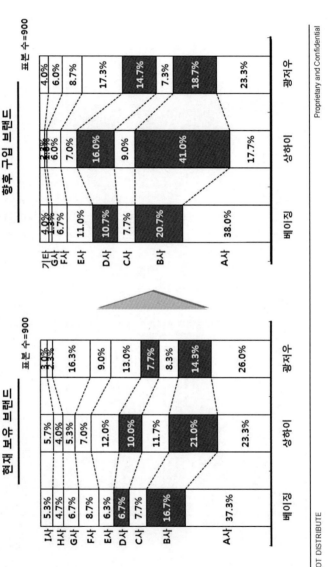

경쟁사 5P 분석 - Product

시장 1위 기업인 A사의 경우, 베이징과 광저우에서 현재 브랜드 파워를 유지하는 반면,
상하이에서는 B사 및 D사의 약진으로 브랜드 파워가 감소할 것으로 보임

현재 보유 브랜드

표본 수=900

	베이징	상하이	광저우
I사	5.3%	5.7%	3.0%
H사	4.7%	4.0%	3.3%
G사	6.7%	5.3%	16.3%
F사	8.7%	7.0%	
E사	6.3%	12.0%	9.0%
D사	6.7%	10.0%	13.0%
C사	7.7%	11.7%	7.7%
B사	16.7%	21.0%	8.3%
			14.3%
A사	37.3%	23.3%	26.0%

향후 구입 브랜드

표본 수=900

	베이징	상하이	광저우
기타	4.0%	2.3%	4.0%
G사	4.3%	3.3%	6.0%
F사	6.7%	6.0%	8.7%
E사	11.0%	7.0%	17.3%
D사	10.7%	16.0%	14.7%
C사	7.7%	9.0%	7.3%
B사	20.7%	41.0%	18.7%
A사	38.0%	17.7%	23.3%

〈그림 9–1〉 현재 보유 브랜드와 향후 구입 브랜드

제품 포지셔닝 분석

경쟁사 5P 분석 - Product

AAA사 노트북 시리즈의 제품 포지셔닝

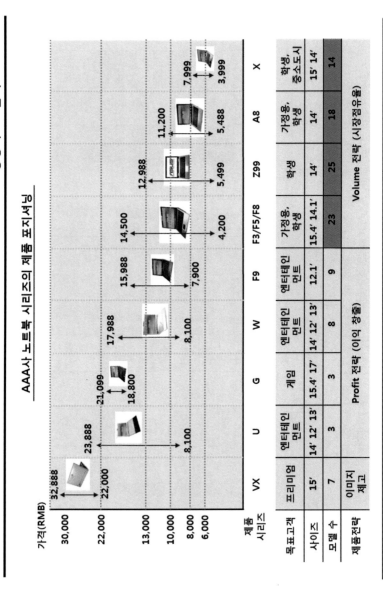

제품 시리즈	VX	U	G	W	F9	F3/F5/F8	Z99	A8	X
목표고객	프리미엄	엔터테인먼트	게임	엔터테인먼트	엔터테인먼트	가정용, 학생	학생	가정용, 학생	학생, 중소도시
사이즈	15'	14' 12' 13'	15.4' 17'	14' 12' 13'	12.1'	15.4' 14.1'	14'	14'	15' 14'
모델 수	7	3	3	8	9	23	25	18	14
제품전략	이미지 제고		Profit 전략 (이익 창출)				Volume 전략 (시장점유율)		

<그림 9-2> AAA 사 노트북 시리즈의 제품 포지셔닝

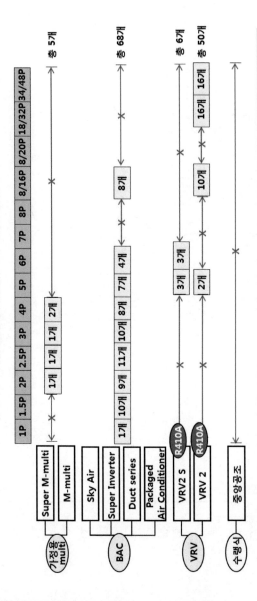

〈그림 9-3〉 BBB 사 시스템 에어컨의 용도별, 용량별 제품 구성

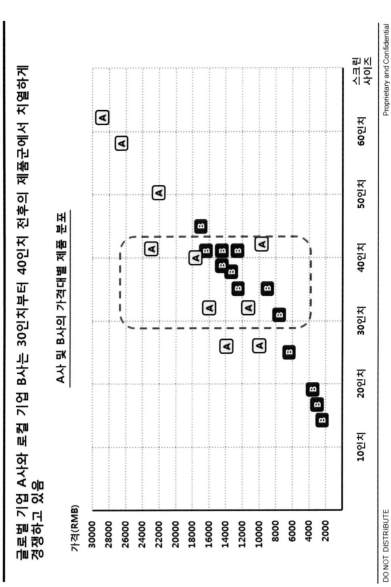

가격대별 제품 분포

경쟁사 5P 분석 – Price

글로벌 기업 A사와 로컬 기업 B사는 30인치부터 40인치 전후의 제품군에서 치열하게 경쟁하고 있음

A사 및 B사의 가격대별 제품 분포

〈그림 10–1〉 경쟁사의 가격대별 제품 분포

브랜드별 제품 평균 가격

경쟁사 5P 분석 – Price

중국 프린터 시장에서 AAA사 제품의 가격대는 시장 평균가격의 50~60% 수준임

중국 프린터 시장의 브랜드별 제품 가격

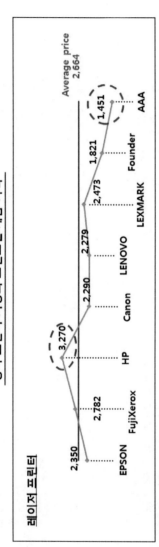

레이저 프린터

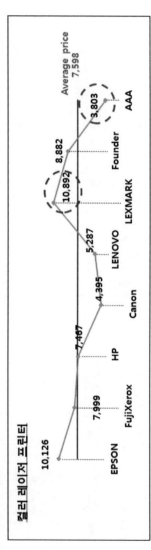

컬러 레이저 프린터

《그림 10-2》 중국 프린터 시장의 브랜드별 제품 가격

가격 책정(Pricing) 방식

경쟁사 5P 분석 – Price

시스템 에어컨 제조업체인 BBB사의 경우, VRV2S 시리즈는 수익률 기준으로 가격을 책정하고, 나머지 제품 시리즈는 시장 가격을 기준하여 가격을 책정함

1. 수익률 기준의 가격 책정

- 수익률(세금 공제전 순이익)의 목표 설정 후, 판매 예측량에 따른 고정비 및 변동비의 재무 분석을 통해 제품 공급가를 결정하는 방식

- BBB사의 VRV2S 시리즈 제품의 경우 수익률 기준의 산정 방식으로 제품 가격을 결정함

2. 시장가 기준의 가격 책정

- 시장 내 동종 제품의 가격대, 주요 경쟁업체의 동종 모델 가격, 소비자의 가격 민감도 및 구매력 등의 인수를 고려하여 제품 공급가를 결정하는 방식

- BBB사 VRV2S 시리즈를 제외한 대부분의 제품 모델에 적용함

BBB사의 Pricing 방식

시장 가격 관리 방식

- 일반 소비자 대상의 B2C 판매 시, 판매상과 총대리상은 제조업체인 BBB사의 기준 가격을 준수해야 함. 최종 판매가는 보통 기준가격의 10% 할인 범위 이내로 관리되며, 이를 위반 시, 제재(penalty)를 받음

- **B2B** 프로젝트 판매 시, 프로젝트 규모 및 조건에 따라 제조업체인 BBB사에서 판매할인 기준을 정하여 일괄적으로 처리함

BBB사 가격 체계

공장 출고가	판매원 이익	제품 공급가	총대리상 마진	대리상 출고가	판매상 마진	판매가
100	20	120	10-15	130-135	25-30	155-165

<그림 10-3> BBB 사의 가격 책정(Pricing) 방식

경쟁사 5P 분석 – Place

AAA사는 4개의 총판 대리상을 통해 83%의 제품을 판매하며, B2B 고객을 대상으로 직접 판매하는 비중은 17% 수준, 4개의 총판 대리상을 통해 2,000여 개의 판매상에게 제품 공급

상업용 제품부
- AAA사의 프린터 영업은 대리상 83%, B2B 직판 17%로 구성
- B2B 직판 목표는 20%

직판
- 산업별 기업고객 영업
- 입찰참여를 통한 판매
- 가격 책정, 협상, 계약 체결
- 제품공급 및 판매대금 수금

총판 대리상(4개)
- 물류 및 판매 대금 수금을 위한 플랫폼 역할
- 판매상 공급 물량을 매월 관리시스템을 통해 AAA사 본부에 보고
- 판매상 대회, 제품 설명회 등과 같은 전국성 판촉활동 시행(AAA사 비용 지원)

판매상(약 20000여 개)
- 판매상은 소매/채널별로 제품 공급 및 판매활동을 담당
- AAA사의 판촉비 지원은 판매상 등급별로 차등(판매액의 1-2%)
- 비용신청은 AAA사 지사의 영업 담당자에게 신청

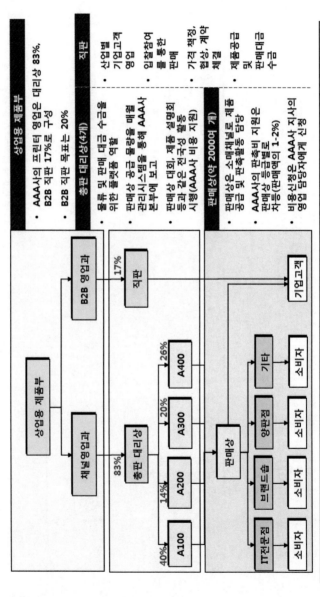

상업용 제품부
├─ 채널영업과 ─ 83% ─ 총판 대리상
│   └─ A100 (40%), A200 (14%), A300 (20%), A400 (26%)
│   └─ 판매상 ─ IT전문점 / 브랜드숍 / 양판점 / 기타 ─ 소비자
└─ B2B 영업과 ─ 17% ─ 직판 ─ 기업고객

〈그림 11-1〉 중국 프린터 시장의 AAA 사 유통 채널 구조

대리상 지원 정책

경쟁사 5P 분석 – Place

BBB사는 판매상과의 파트너십을 3개 등급으로 구분, 190개의 프리미엄 판매상이 전체 판매의 70% 차지, 대부분의 마케팅 지원은 프리미엄 판매상에게 집중되어 있음

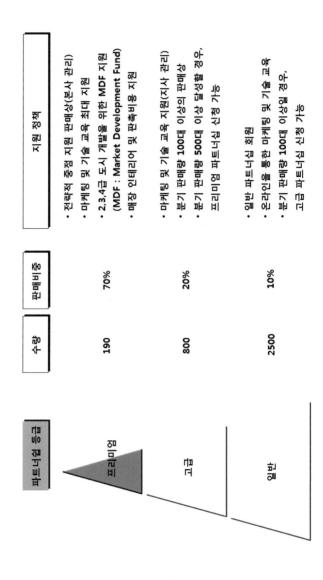

파트너십 등급	수량	판매비중	지원 정책
프리미엄	190	70%	· 전략적 중점 지원 판매상(본사 관리) · 마케팅 및 기술 교육 최대 지원 · 2,3,4급 도시 개발을 위한 MDF 지원 　(MDF : Market Development Fund) · 매장 인테리어 및 판축비용 지원
고급	800	20%	· 마케팅 및 기술 교육 지원(지사 관리) · 분기 판매량 100대 이상의 판매상 · 분기 판매량 500대 이상 달성할 경우, 　프리미엄 파트너십 신청 가능
일반	2500	10%	· 일반 파트너십 회원 · 온라인을 통한 마케팅 및 기술 교육 · 분기 판매량 100대 이상일 경우, 　고급 파트너십 신청 가능

〈그림 11-2〉 BBB 사의 대리상 지원 정책

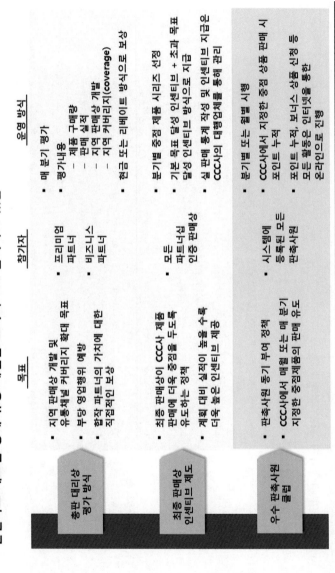

경쟁사 5P 분석 – Place

CCC사는 총판 대리상, 판매상, 현장 판촉사원 등 모든 유통 단계별로 체계적인 평가 및 인센티브 제도를 통해 유통 채널을 효과적으로 관리하고 있음

목표	참가자	운영 방식

총판 대리상 평가 방식

목표:
- 지역 판매상 개발 및 유통채널 커버리지 확대 목표
- 부당 영업행위 예방
- 합작 파트너의 가치에 대한 직접적인 보상

참가자:
- 프리미엄 파트너
- 비즈니스 파트너

운영 방식:
- 매 분기 평가
- 평가내용
  – 제품 구매량
  – 판매 실적
  – 지역 판매상 개발
  – 지역 커버리지(coverage)
- 현금 또는 리베이트 방식으로 보상

최종 판매상 인센티브 제도

목표:
- 최종 판매상이 CCC사 제품 판매에 더욱 중점을 두도록 유도하는 정책
- 계획 대비 실적이 높을 수록 더욱 높은 인센티브 제공

참가자:
- 모든 파트너십 인증 판매상

운영 방식:
- 분기별 증정 제품 시리즈 선정
- 기본 목표 달성 인센티브 + 초과 목표 달성 인센티브 방식으로 지급
- 실 판매 통계 작성 및 인센티브 지급은 CCC사의 대행업체를 통해 관리

우수 판촉사원 클럽

목표:
- 판촉사원 동기 부여 정책
- CCC사에서 매월 또는 매 분기 지정한 증정제품이 판매 유도

참가자:
- 시스템에 등록된 모든 판촉사원

운영 방식:
- 분기별 또는 월별 시행
- CCC사에서 지정한 증정 상품 판매 시 포인트 누적
- 포인트 누적, 보너스 상품 신청 등 모든 활동은 인터넷을 통한 온라인으로 진행

〈그림 11-3〉 CCC 사의 유통 채널 평가 및 인센티브 제도

판촉 사원 관리 체계

경쟁사 5P 분석 – Promotion

AAA사의 판촉사원 관리 체계

보상체계

- 기본급: RMB 800(신입 RMB700)
- 인센티브: 1대 판매당 RMB 20~100 위안(소비자 판매가의 약 1~3%), 증정 판매 모델의 경우 추가 인센티브 제공

기타 사원복지

- 1년 이상 근무자의 경우, 기본적인 모든 보험 제공
- 초과 근무 수당 지급, 1년 이상 우수 판촉사원에게 별도 교육기회 부여
- 매월 RMB 30위안의 휴대폰 문자 통신비 제공(SMS를 통해 일일 판매 보고)

판촉사원 관리체계

- 일정 기간 판매 목표 미달수한 경우, 매장 재배치 후 기회 부여, 매장 재배치 후 판매 목표 미달수의 경우 해고함
- 매일 판촉사원은 구체적인 판매 현황과 경쟁사의 판촉 활동 및 판매 상황을 AAA사의 영업 담당자에게 보고함
- 채용은 주로 사원 추천 방식으로 선발, 고졸 학력에 1년 이상 경력자 대상

교육

- 월 2회 정기 교육 실시
- 교육 내용: 신제품 소개, 효과적인 판촉 방법, AAA사의 기업 문화 등

근무현황

- 평균 근무 기간 2년 6개월
- 이직률은 월 2%로 업계 최저 수준

〈그림 12-1〉 AAA 사의 판촉사원 관리 체계

경쟁사 5P 분석 – Promotion

BBB사의 사전 영업(pre-sales) 활동은 입찰 평가의 주요 의사 결정자인 설계원 위주이며, 잠재적 사용자를 대상으로 중국 전 지역에 걸쳐 신제품 출시 행사를 개최함

	PRE-sales / Sales / Post
설계원	▪ 기술 세미나: 설계원 및 전문가를 대상으로 매월 전문적인 제품 설명회를 가짐 ▪ 설계원 방문: 도면 심사를 담당하는 설계사 방문을 통해 BBB사 제품의 설계도 심사가 원활하도록 함. 또한 건축설계부의 설계사 방문을 통해 BBB사 에어컨의 설치 시 고려해야 할 특수사항에 대해 토의함. 첫 방문 시 선물을 가져가지 않고, 재방문 시는 간단한 선물(우산, 명함케이스, 물컵 등)과 잘 만들어진 기술자료를 가지고 감. 때때로 입찰평가 전문가를 방문하기도 함 ▪ 소그룹 지원: 1. 제품 연구회 - 제품 연구회를 조직하여 지명도 있는 설계원 인사 초청 2. 설계사 클럽 - 업계 설계사들의 클럽 활동 지원을 통해 BBB사 지지층을 확보함
대리상	▪ 제품 설명회: 정기적으로 BBB사의 주요 대리상을 초청하여 제품 교육 및 신제품 설명회를 개최함 ▪ 비정기적 방문: 필요에 따라 BBB사의 영업 담당자가 각 지역의 대리상을 방문하여 신규 프로젝트 기회, 시장 및 업계 상황, 애로사항 및 건의 사항을 토의함
최종 사용자	▪ 고객 초청회: BBB사는 매년 전국적으로 약 40-50여 개 도시에 수백 차례의 신제품 출시 행사를 개최, 많은 경우 200-300여 명의 업종 관계자들이 참여함. 행사 참여자에게는 신제품 모형 기념품을 증정하며, RMB300-400 상당의 소형 가전 제품을 선물로 제공함 ▪ 제품 설명회: 각종 산업의 연간 대회나 주요 회의에 참석할 기회를 통해 짧은 시간의 신제품 설명 기회를 가짐

DO NOT DISTRIBUTE　　Proprietary and Confidential

〈그림 12-2〉 BBB 사의 사전 영업(Pre-sales) 활동

수주 영업 활동(Sales)

경쟁사 5P 분석 – Promotion

BBB사의 수주 영업(sales) 활동은 설계원 대상으로 설계사 지원활동과 최종 사용자 대상으로 공장 및 주요 성공 사례 참관 활동 등이 있음

	Pre	SALES	Post

설계원

- **Spec-in 비용:** 프로젝트 규모에 따라 설계사에게 일정자 Spec-in 비용을 제공하는데 RMB 10만 위안이며 프로젝트의 경우 약 3–4% 정도이며, 지급 방법은 프로젝트 완료 후, 대리상을 통해 제공함(이 비용은 BBB사가 대리상에게 제품 공급 시 가격으로 보상함)
- **설계 대행:** BBB사는 설계원을 대신하여 프로젝트 시공 설계를 하고, 설계원의 경험이 풍부한 설계사를 초청하여 심사를 받고 품질을 향상시키기도 함. 이러한 방식으로 설계원 설계사의 작업량을 감소시켜 줌

대리상

- **고객 방문:** 프로젝트 정보를 대리상에게 넘겨준 후, 본격적인 영업 활동을 함. 대리상이 수시로 고객을 방문하며, 때로는 BBB사의 영업담당이 해당 대리상과 함께 고객을 방문하여 프로젝트 준비 상황이나 입찰 정보를 수시로 확인함

최종 사용자

- **고객 방문:** BBB사 영업담당은 협력 파트너(대리상)와 함께 고객을 방문하여 프로젝트 준비 상황이나 입찰 정보를 확인함
- **공장 투어:** 중국 국내 및 BBB사의 해외 공장 투어(tour) 기회 제공, 주요 Reference site(성공사례) 참관, 국내외 유명관광지 관람
- **기타 활동:** 최종 사용 고객을 대상으로 연회 초대, 문화 행사 관람 등 필요에 따라 다양한 영업 활동을 수행함

〈그림 12−3〉 BBB 사의 수주 영업(Sales) 활동

사후 영업 활동(Post-sales)

경쟁사 5P 분석 – Promotion

BBB사의 사후 영업(post-sales) 활동은 설계원 및 사용자의 주요 의사 결정자에 대한 단례 방문, 고객 만족도 확인, 지속적인 애프터 서비스 활동 등으로 구성됨

POST-sales

Pre　Sales

설계원	■ 사후 영업: 프로젝트 수주 후, BBB사는 대리상과 협력하여 해당 프로젝트에 참여한 설계사를 대상으로 관광 기회 제공 등의 사후 영업 활동을 진행함 ■ 정기 방문: 정기적으로 최종 사용자를 방문하여 피드백을 받아 설계원의 설계사로부터 해당 문제나 사용자의 니즈(needs)에 대한 자문을 구함
대리상	■ 사후 영업: 프로젝트 완료 후, 해당 프로젝트의 대리상인 프로젝트에 참여한 설계사 단례 방문, 식사 초대 등의 영업 활동 수행, 또한 제조업체인 BBB사와 협력하여 해당 설계사를에게 관광 기회 제공
최종 사용자	■ 사후 영업: 최종 사용자의 주요 구매 결정자(Key Decision Makers) 대상으로 고객서비스를 제공, 일반적으로 중국 본사가 위치한 상하이 주변의 2박 3일 일정으로 교육 시스템 참관 및 관광이나 연말 좌담회를 개최하는 방식임 ■ 고객 방문: 최종 사용자를 직접 방문하거나 전화 방문을 통해 고객 만족도를 조사하고 피드백을 받음 ■ 애프터 서비스: 세심하고 철저한 고기술/고품질 서비스 제공, 예를 들면, 대용량 시스템 에어컨 사용 고객에 대해서는 에어컨의 품질과 운영 관리뿐만 아니라, 사용 1년 후 고객의 사용 습관에 따른 에너지 절약 방안을 제공하여 고객 만족도를 높임

〈그림 12-4〉 BBB 사의 사후 영업(Post-sales) 활동

물류 거점 분석

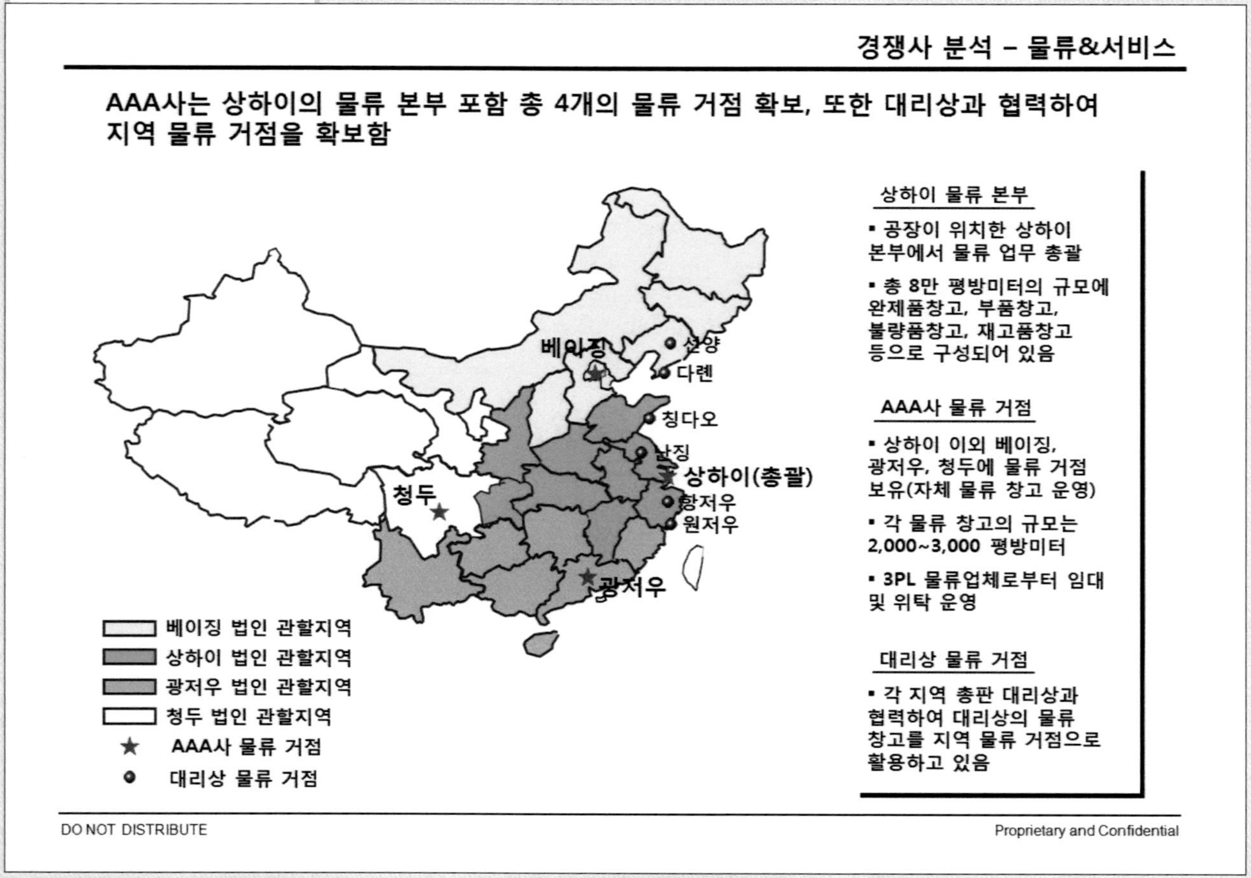
경쟁사 분석 – 물류&서비스
AAA사는 상하이의 물류 본부 포함 총 4개의 물류 거점 확보, 또한 대리상과 협력하여 지역 물류 거점을 확보함
베이징
선양
다롄
칭다오
난징
상하이(총괄)
항저우
원저우
청두
광저우
베이징 법인 관할지역
상하이 법인 관할지역
광저우 법인 관할지역
청두 법인 관할지역
AAA사 물류 거점
대리상 물류 거점
상하이 물류 본부
▪ 공장이 위치한 상하이 본부에서 물류 업무 총괄
▪ 총 8만 평방미터의 규모에 완제품창고, 부품창고, 불량품창고, 재고품창고 등으로 구성되어 있음
AAA사 물류 거점
▪ 상하이 이외 베이징, 광저우, 청두에 물류 거점 보유(자체 물류 창고 운영)
▪ 각 물류 창고의 규모는 2,000~3,000 평방미터
▪ 3PL 물류업체로부터 임대 및 위탁 운영
대리상 물류 거점
▪ 각 지역 총판 대리상과 협력하여 대리상의 물류 창고를 지역 물류 거점으로 활용하고 있음
DO NOT DISTRIBUTE
Proprietary and Confidential

〈그림 13-1〉 AAA 사의 중국시장 물류 거점

서비스 운영 조직 분석

경쟁사 분석 – 물류&서비스

BBB사는 중국 전 지역에 29개 서비스 거점 확보, 443개의 인증 서비스점을 통해 중국 전역을 커버하는 서비스 인프라 구축

BBB사 서비스 범인

- 판매 법인의 CS(Customer Service) 부서에서 관리
- 콜센터 부문과 기술 서비스 부문으로 구성
- 각 지역의 25개 판매 거점에 대응하는 29개의 서비스센터 설립
- 각 지역별 인증 서비스점을 통해 중국 전 지역을 커버하는 서비스 인프라 구축 (443개 인증서비스점)
- 서비스 관리 비용은 판매량 증대에 따라 점차 감소하는 추세 (서비스 법인 설립 초기 4~5%에서 현재는 2~3% 수준)

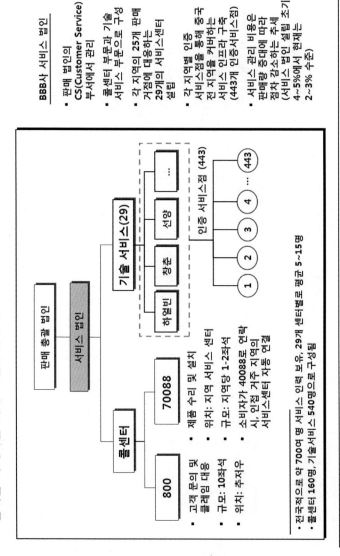

- 전국적으로 약 700여 명 서비스 인력 보유, 29개 센터별로 평균 5~15명
- 콜센터 160명, 기술서비스 540명으로 구성됨

〈그림 13-2〉 BBB 사의 중국 서비스 조직 구성도

비용 구조 분석

경쟁사 분석 – 비용구조

AAA사의 Marcom 비용은 광고비 30%(TV 광고 제외)와 판촉활동비 70%로 구성, 광고비는 1, 2급 도시의 20여 개 매체를 대상으로 하는 지면 광고가 60%를 차지함

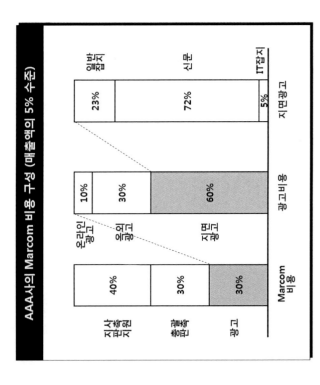

광고
- 광고는 총괄에서 일괄 기획 및 전국 동시 집행
  - TV 광고는 제외(브랜드 광고 위주로 본사에서 별도 집행함)
  - 지면 광고는 1,2급 도시 기준으로 20개 매체 선정
    - 도시: 北京, 上海, 广州, 沈陽, 南京, 深圳, 武汉, 成都
    - 신문: 中国计算机报, 计算机世界, 北京青年报, 北京晚报, 新民晚报, 申江服务导报 等
    - 잡지: 微电脑世界, 电脑报, 互联网周刊, 联合商情, 络世界, 慧聪商情, 希望商情, 利特商情 等

판촉
- 전국 동시 진행 판촉은 총괄에서 기획 및 집행
  - 지사판촉비용은 각 지사 관할의 대리상 지원 비용

Proprietary and Confidential

〈그림 14-1〉 AAA 사의 마컴 비용 구조

가치 사슬 분석(1)

경쟁사 분석 – 가치사슬

BBB사의 가치사슬(value chain) 구조 중 73%는 생산 비용(매출이익 15% 포함), 27%는 판매 비용으로 구성되어 있음

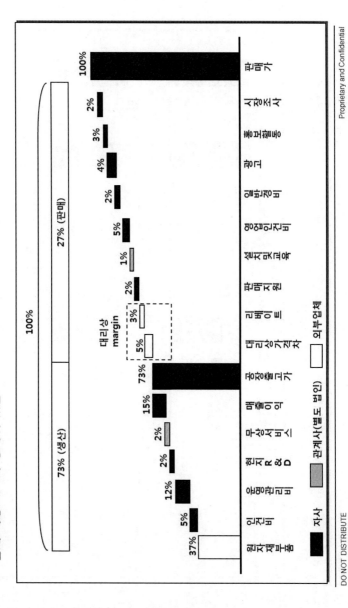

〈그림 14-2〉 BBB 사의 가치 사슬 구조

Proprietary and Confidential

DO NOT DISTRIBUTE

가치 사슬 분석(2)

경쟁사 분석 – 가치사슬

CCC사는 3년 전과 비교하여 원재료 비용 13% 증가, 판매 비용 10.8% 감소, 채널비용 2.3% 증가, 그리고 연계 순익은 4.6% 감소함

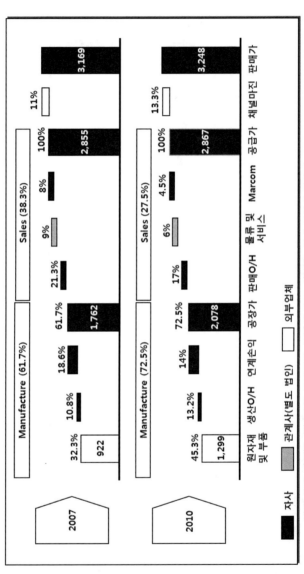

- 판매 O/H: 인건비, 채널지원, 가격할인, 샘플 및 반품, 판촉원, 기타 사무실 운영비
- Marcom: ATL 및 BTL 비용, 채널마진: 채널 리베이트 및 가격차

〈그림 14-3〉 CCC 사의 가치 사슬 구조(2007 년과 2010 년 비교)

경쟁사 분석 – 핵심경쟁력

AAA사의 핵심경쟁력(Key Success Factors)

People
1. 에어컨 전문업체로서 장기적이고 일관적이고 중국 전략 수립, 신속한 이사 결정
2. 체계적이고 세분화된 영업 조직, 장기 근속을 통한 핵심인력의 업무전문성 제고

Product
1. 다양하고 지명도 있는 성공 사례(reference site) 보유
2. 고객별 최적의 맞춤 솔루션(중부한 제품 라인업, 절전/친환경/고성능 제품, 전열교환기, 환기시스템 등 관련 제품 생산)

Price
1. 전 제품군에 걸쳐 high, mid, low-end의 다양한 가격대 출시
2. 높은 현지 부품 구매율(75%)을 통한 원가 절감, 마케팅 투자를 통한 가치 창조

Place
1. 총판 대리상을 통하지 않고 최종 판매상과 직접 거래하는 유통체계 구축
2. 상위 10%(Top 50) 핵심 판매상 양성 및 집중적인 지원, 총 매출액의 70% 기여 (수주 정보 제공, 지속적 교육, 관리층 간의 교류 등을 통해 판매상 경쟁력 강화)

Promotion
브랜드, 제품, 서비스의 경쟁력을 바탕으로 입체적인 마케팅 활동 수행
1. 평상시: 업계 관련전문가/고객 방문, 기술자료 제공, 기술세미나 개최
2. 수주 활동 시: 도면비용 제공, 설계대행, 입찰 평가관련자 대상 영업 활동 실시
3. 수주 후: 입찰 평가관련자 대상 사후 방문, 사용자 대상 고객만족도 조사

〈그림 15-1〉 AAA 사의 핵심 경쟁력 분석

벤치마킹 포인트 도출(1)

경쟁사 분석 – 핵심 경쟁력

벤치마킹 포인트	Key Success Factors

Product

1. 효과적인 B2B 제품 개발
- "고성능 프린터 + 프린터서버 + 관리S/W + 서비스"의 B2B 고객별 특화된 통합솔루션 제공

2. 중점 판매 모델 마케팅
- 76개 제품 모델 중 13개 제품이 총매출 액의 80% 기여(20% 제품이 80% 매출)
- 분기별로 전략적 중점 판매 시리즈 선정 및 FTTP, ePoint 등의 대리상 장려 정책과 효과적으로 연관하여 중점 시리즈의 판촉을 유도

Sales & Marketing

3. 핵심 대리상 양성
(시장 개발 및 선택적 지원)
- 총대리상 및 판매상(2차 대리상) 별로 핵심 대리상을 개발하고 집중 지원함으로써 마케팅과 시장 개발의 파트너로 양성함

4. 다양한 고객 접점 개발
- 총대리상의 신규 시장 개발 지원 및 MDF 제공
- 총대리상 매출의 20% 이상이 직접 개발한 제널이 되도록 하는 정책
- 브랜드점을 통한 SMB 고객 영업
- 콜센터에 B2B 영업 프로세스 구축

Proprietary and Confidential

DO NOT DISTRIBUTE

〈그림 15–2〉 벤치마킹 포인트 및 핵심 경쟁력 분석

벤치마킹 포인트 도출(2)

경쟁사 분석 – 핵심 경쟁력

벤치마킹 포인트

1. 본사 시스템을 통한 현지 핵심인력 양성

2. 현지 파트너 개발 및 양성 현지 파트너와 협력을 통한 사업개발

3. Target 고객 및 유망산업에 대한 조기투자

4. 그룹 관계사 및 글로벌 협력사의 고객 기반 활용을 통한 시장 기회 탐색

5. 중국 시장 내 경쟁력 있는 솔루션 기반으로 고객관계 구축

Key Success Factors

IBM GS
- 하드웨어를 기반으로 한 방대하고 밀접한 고객관계 구축
- 규모 및 IT 서비스 coverage 경쟁력
- 관리총 현지화 및 현지 핵심인재양성

HP
- IT 제품 영업을 통한 중국 내 B2B 채널개발, 파트너관리, 인재배양 등 노하우 축적 (HP프린터 중국m/s 49.6%)
- 현지 파트너를 통한 사업개발(80%)

Accenture
- 통신, 에너지관련 국유기업의 방대한 고객관계구축 및 reference sites 보유
- 유망산업에 대한 글로벌 본사의 조기투자

EDS
- EDS 글로벌 고객의 중국서비스를 통한 사업 기반 유지, 시장기회 탐색
- IBM, HP 등 글로벌업체의 협력 파트너

CSC
- 싱가포르계 현지업체 인수/투자를 통한 중국사업 확장(2001년 100명→2005년 350명) 금융산업 솔루션 보유 + 고객관계 구축

<그림 15-3> 주요 IT 서비스 기업의 핵심 경쟁력 분석

5P 경쟁력 평가(B2C)

마케팅 전략 수립: 경쟁력 평가

5P 경쟁력 지수 분석(B2C)

평가 항목		A사	자사	A사 대비 경쟁력	가중치	경쟁력 지수
People (30)	총 매출(규모)	110	95	86%	40%	21
	인당 매출(효율)	3.9	2.0	50%	40%	
	평균 근무 연수	-	약세	70%	20%	
Product (30)	브랜드 파워	83.2	62.8	75%	70%	25
	제품 라인업	-	대등	100%	30%	
Price (10)	API(평균가격대)	-	약간 약세	90%	100%	9
Place (20)	판매 커버리지	667	550	82%	50%	17
	효율성(직판 비율)	0.85	0.70	88%	50%	
Promotion (10)	판촉원 규모	1000	800	80%	60%	9
	매장 디스플레이	-	약간 우세	110%	40%	
A사 대비 경쟁력 지수						**81**

- 구체적인 비교 데이터가 없는 경우, 정성적인 판단에 따라 평가함(아래의 정성적 평가 기준 참조)
- 크게 우세(150%), 우세(130%), 약간 우세(110%), 대등(100%), 약간 약세(90%), 약세(70%), 크게 약세(50%)

〈그림 17-1〉 B2C 기업의 5P 경쟁력 평가 사례

5P 경쟁력 평가(B2B)

마케팅 전략 수립: 경쟁력 평가

5P 경쟁력 지수 분석(B2B)

	평가 항목	B사	자사	B사 대비 경쟁력	가중치	경쟁력 지수
People (20)	총 매출(규모)	339	110	32%	50%	12
	인당 매출(효율)	0.33	0.28	85%	50%	
Product (30)	브랜드 파워	-	크게 약세	50%	40%	15
	제품 라인업	129	56	43%	40%	
	서비스 네트워크	-	약세	70%	20%	
Price (10)	입찰 가격대	-	약세	70%	100%	7
Place (20)	판매상(대리상)	496	204	41%	50%	11
	판매상 평균매출액	0.68	0.48	71%	50%	
Promotion (20)	판매원인 인원수	1032	398	39%	40%	9
	영업 활동 횟수	900	354	39%	40%	
	입찰 참여 회수	-	약세	70%	20%	
	B사 대비 경쟁력 지수					**54**

- 구체적인 비교 데이터가 없는 경우, 정성적인 판단에 따라 평가함(아래의 정성적 평가 기준 참조)
- 크게 우세(150%), 우세(130%), 약간 우세(110%), 대등(100%), 약간 약세(90%), 약세(70%), 크게 약세(50%)

《그림 17-2》 B2B 기업의 5P 경쟁력 평가 사례

고객 세분화(Segmentation)

Segmentation

마케팅 전략 수립: STP 분석

중국의 대형 디스플레이(LFD) 시장은 아래 4개 업종으로 분류할 수 있으며, 각 고객별 시장의 규모, 성장률, 경쟁 정도, 고객의 구매 고려 요인(Key Buying Factors)은 아래와 같음

중국 LFD 시장의 고객 세분화 및 분석

(단위: RMB 백만 위안)

고객 업종	제품 용도	시장 크기	성장률	경쟁 정도	KBF
교통 운송	공항, 지하철, 버스 정류장, 기차역 등에서 운행 정보를 디스플레이함	16.2	39%	●	제품 수명, 명암비, 디스플레이 기능
상업 시설	대형마트, 슈퍼마켓, 요식업, 브랜드 전문 판매점 등에서 정보 제공, 광고 등의 용도로 사용함	24.6	50%	◗	가격, 간단한 기능
공공 장소	체육관, 전람회, 국제회의센터, 여행지 등에서 정보 제공, 경기 실황, 시설안내 등의 용도로 사용함	7.8	37%	◖	해상도, 명암비, 반응시간
은행/증권/병원	은행 서비스홀, 증권거래소 서비스홀, 병원 고객 대기 장소 등에서 화폐, 시황, 제품 소개, 업무 소개, 진찰 정보 등등을 디스플레이함	29.7	34%	◑	가격, 반응시간, A/S, 제품 수명

高 ●—○ 低

출처: OOO시장 보고서, In-Depth Interview

〈그림 18-1〉 중국 LFD 시장의 고객 세분화(업종별)

목표 고객 선정(Targeting)

Targeting

마케팅 전략 수립: STP 분석

시장 규모가 크고 성장률이 높은 통신 산업을 1순위 목표 시장으로 하고, 자사의
성공사례가 많고 시장 잠재력이 큰 제조업을 2순위 목표 시장으로 함

(단위: USD 백만 달러)

고객 세분화	시장규모 (백분율)	성장률	고객 특성	진입 장벽	경쟁 수준	자사 성공사례	우선 순위
통신	98.2(45%)	43%	■ 빠른 성장 ■ 치열한 경쟁 및 원가 압박 ■ 대규모인 경우 일괄 투명성 강화, 소규모는 판시 위주로 사업수행	■ 주요 업체들에 의해 시장이 선점된 상태 ■ 고객기반이 있는 파트너 발굴이 관건임	치열	적음	(1)
금융	48.0(22%)	7%	■ 시장의 성숙 단계 ■ 제품 안정성 중시	■ 글로벌 업체들에 의해 시장이 선점된 상태	치열	많음	4
정부/공공	34.9(16%)	27%	■ 정부의 정보화 정책에 따른 활발한 사업 수행 ■ 안정성 및 브랜드 중시	■ 고객기반이 있는 파트너 발굴이 어려움	보통	많음	3
에너지	8.7(4%)	27%	■ 지역별 분산 발주 ■ 품질 및 안정성 중시	■ 지역별로 별도의 영업 수행	보통	적음	5
제조업	6.6(3%)	90%	■ 빠른 성장과 잠재력 ■ 소규모 사업이 다수 ■ 가격에 민감	■ 가격 경쟁력을 앞세운 로컬업체와 경쟁	낮음	매우 많음	(2)
기타	21.8(10%)	-9%	-	-	-	-	6

〈그림 18-2〉 산업별 고객 세분화에 따른 K사의 목표 고객 선정

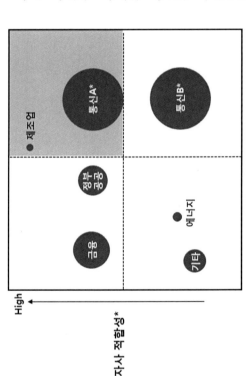

목표 고객 선정의 로직(logic)

Targeting

마케팅 전략 수립: STP 분석

통신 산업은 자사의 성공사례가 많지 않으나, 고객 기반이 있는 현지 파트너 발굴을 통해 진출 가능함. 제조업의 경우, 시장 규모나 초기 진출 시 현지 성공사례 및 중국 사업 기반 구축에 적합

시장 매력도 및 자사 적합성에 따른 고객 분포

* 원의 크기는 해당 시장의 규모를 나타냄

* 시장 매력도: 시장 규모, 성장률, 경쟁 수준을 고려한 인수로 객관적인 시장 매력도를 나타냄

* 자사 적합성: 자사의 성공사례 유무와 진입장벽을 고려한 인수로 자사의 목표 시장 적합성을 나타냄

* 통신A의 경우, 통신 산업의 고객 기반이 있는 현지 파트너와 협력을 전제로 함

* 통신B의 경우, 시장 매력도는 높지만, 자사의 성공사례가 작기 때문에 자체적으로 사업을 추진할 경우, 자사 적합성이 낮음

〈그림 18-3〉 시장 매력도와 자사 적합성에 따른 고객 분포

제품 포지셔닝(Positioning)

Positioning

마케팅 전략 수립: STP 분석

중국 OOO 소프트웨어 시장은 크게 글로벌 기업과 로컬 기업으로 양분되어 있음. 따라서 K사(자사)의 시장 초기 진입 시, 글로벌 브랜드와 로컬 브랜드의 중간 지점에 위치한 후, 시장 동향 및 고객 반응에 따라 3가지 시나리오로 포지셔닝 전략을 검토할 필요가 있음

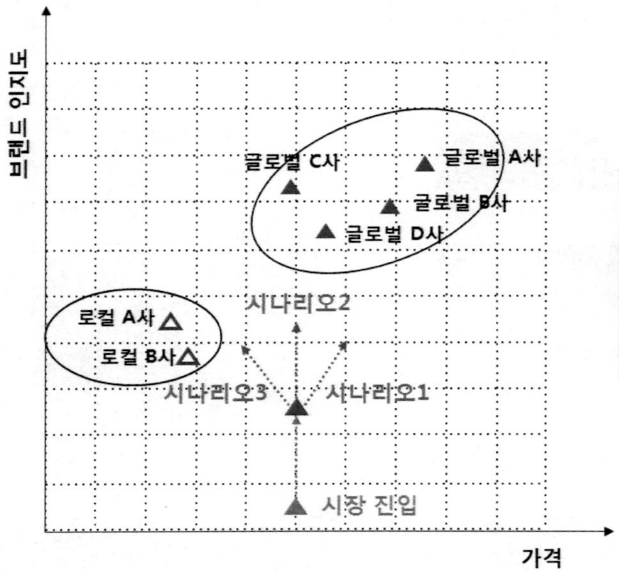

Implications

- 초기 진입 시 글로벌 브랜드와 로컬 브랜드의 중간 지점에 제품을 포지셔닝함

- 사업 전개에 따라 시장 및 경쟁사의 동향, 고객의 반응에 따라 3가지 시나리오로 포지셔닝 전략 검토

- 시나리오 1의 경우 초기 진입 단계의 Discount 정책에서 벗어나 프리미엄 서비스를 통한 고가(high-end) 전략 추진

- 시나리오 2의 경우, 초기 진입 단계의 가격 정책을 유지, 글로벌 제품과 로컬 제품의 중간대 가격으로 포지셔닝함

- 시나리오 3의 경우 기술과 품질은 글로벌 수준이나 가격은 로컬 수준에 가까운 제품으로 포지셔닝함

[포지셔닝 맵]

- 기술 및 품질
- 가격
- 글로벌 C사
- 글로벌 A사
- 글로벌 B사
- 글로벌 D사
- 시나리오 2
- 시나리오 1
- 시나리오 3
- 시장 진입
- 로컬 A사
- 로컬 B사

〈그림 18–4〉 K사의 중국시장 진입과 제품 포지셔닝 전략

판매 목표 산정 로직(logic)

마케팅 전략 수립: 성장 목표

중국 전체 시장(TAM)에서 통신 산업과 제조업 시장이 자사의 목표 시장임. 시장 진입 후 2년 차인 2012년은 210만 달러, 5년 차인 2015년은 2,520만 달러의 판매를 목표로 함

판매 목표 산정 로직(logic)

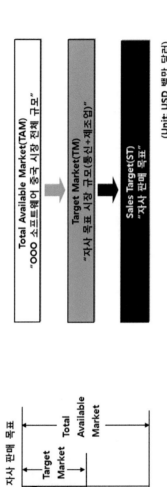

Total Available Market(TAM)
"OOO 소프트웨어 중국 시장 전체 규모"

Target Market(TM)
"자사 목표 시장 규모(통신+제조업)"

Sales Target(ST)
"자사 판매 목표"

(Unit: USD 백만 달러)

	2012년			2015년		
	Total	A 제품군	B 제품군	Total	A 제품군	B 제품군
TAM	218.3	199.6	18.7	483.0	423.6	59.4
TM	104.8	95.8	9.0	231.8	217.4	14.4
ST	2.1	1.5	0.6	25.2	17.2	8.0
M/S	1%			5.2%		

〈그림 19-1〉 K사의 판매 목표 산정 로직

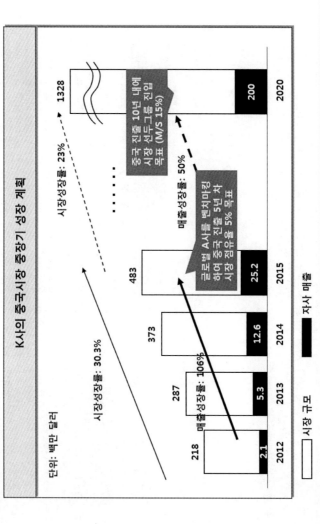

중장기 성장 계획

마케팅 전략 수립: 성장 목표

중국 진출 5년 차에 시장점유율 5%를 달성한 글로벌 A사를 벤치마킹하여 2015년 시장 점유율 5%, 매출 2,520만 달러 목표, 중장기적으로 중국 진출 10년 차에 시장 선두권 그룹 진입을 목표로 함

K사의 중국시장 중장기 성장 계획

단위: 백만 달러

시장성장률: 23%

중국 진출 10년 내에
시장 선두그룹 진입
목표 (M/S 15%)

매출성장률: 50%

글로벌 A사를 벤치마킹
하여 중국 진출 5년 차
시장 점유율 5% 목표

시장성장률: 30.3%

매출성장률: 106%

연도	2012	2013	2014	2015	2020
시장 규모	218	287	373	483	1328
자사 매출	2.1	5.3	12.6	25.2	200

□ 시장 규모   ■ 자사 매출

〈그림 19-2〉 K사의 중국시장 중장기 성장 계획

단계별 추진 과제

마케팅 전략 수립: 성장 목표

중국 진출 1단계는 성공적인 시장 진입과 유통 대리상 개발, 2단계는 매출 2,500만불 달성을 통한 조직 기반 마련 및 중장기적 성장 기반 구축, 3단계는 현지 완결체제 구축 및 시장 선두권 진입을 목표로 함

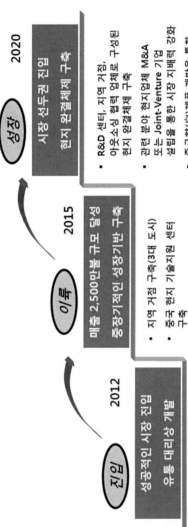

2012

진입

성공적인 시장 진입 유통 대리상 개발

- 유통 대리상 개발
- 제품 현지화 작업
- 파일럿 프로젝트 수행
- 대리상 양성 및 파트너십 강화
- 현지 사무소-대리상-본사 간의 효과적인 커뮤니케이션 체계 구축

2015

이룩

매출 2,500만불 규모 달성 중장기적인 성장기반 구축

- 지역 거점 구축(3대 도시)
- 중국 현지 기술지원 센터 구축
- 고객별/지역별 유통대리상 커버리지 확대
- 제품 라인업 확대 및 제품군별 차별화 전략 수행
- 마케팅 커뮤니케이션 강화
- 현장 판매 관리 강화

2020

성장

시장 선두권 진입 현지 완결체제 구축

- R&D 센터, 지역 거점, 아웃소싱 협력 업체로 구성된 현지 완결체제 구축
- 관련 분야 현지업체 M&A 또는 Joint-Venture 기업 설립을 통한 시장 지배력 강화
- 중국향(向)제품 개발을 통한 선도적 강화 및 라인업 다양화
- 대리상 및 판매 현장 관리 시스템 구축
- 제품 브랜드 이미지 제고
- 본사와 연계된 현지 핵심인력 양성 및 관리 체계 구축

《그림 19-3》 K사의 중국 진입 단계별 추진 과제

조직 운영의 실행 과제

마케팅 전략 수립: 실행 과제

'진입' 단계인 2012년은 현지 사무소 설립 및 현지 거점 구축, '이륙' 단계인 2015년 까지는 3대 도시 지역 거점 구축, '성장' 단계인 2020년까지는 현지 완결 체제 구축 목표

Year	2011 하반기	2012	2013	2014	2015	2016	2017	2018	2019	2020
단계	진 입		이 륙			성 장				
성장 목표	• 매출: 210만 달러 • 시장점유율: 1% • 연평균 성장률: N/A		• 매출: 2,500만 달러 • 시장점유율: 5% • 연평균 성장률: 106%			• 매출: 2억 달러(2020년) • 시장점유율: 15% • 연평균 성장률: 50%				
조직 운영	• 현지 사무소 설립 • 현지 사무소-대리상과 본사 간의 효과적인 협력 체계 구축 • 중장기 전략 수립		• 지역 거점 구축 (베이징, 상하이, 광저우) • 기술지원 센터 설립 • 효과적인 대리상 교육 및 양성 시스템 구축			• R&D 센터 설립 • R&D 센터-지역 거점-아웃소싱 협력 업체로 구성된 현지 완결 체제 구축 • 로컬 기업 M&A 또는 JV 추진 - 시장 지배력 및 핵심역량 강화, 비용 절감 등 전사적인 경쟁력 강화 추진				
인력	• 3~5명(파견 1명) • 현지 대리상과 본사 간의 커뮤니케이션 창구 역할		• 20~100명(파견 2~5명) • 채널영업, 마케팅지원, 기술지원 등 운영인력 양성 • 영업:기술 = 2:1 비율			• 160~500명(파견 6~10명) • 본사와 연계된 현지 핵심인력 양성 및 관리 체제 구축 • 영업:기술 = 3:2 비율				

〈그림 20-1〉 조직 운영의 단계별 실행 과제

마케팅 4P 의 실행 과제

마케팅 전략 수립: 실행 과제

2012년은 제품 현지화 및 현지 대리상 개발, 2015년까지는 제품 차별화 전략 수행, 2020년까지는 중국향 제품 출시를 통한 시장 선도력 강화, 핵심 대리상 양성 등 과제 수행

Year	2011 하반기	2012	2013	2014	2015	2016	2017	2018	2019	2020
단계	진 입		이 륙			성 장				
제품	■ 현지화가 용이한 B제품군 우선 출시 ■ 전체 제품 라인의 단계별 현지화 작업 추진		■ 제품 라인업 확대 및 제품별 차별화 전략 수행 ■ A제품군 위주로 일부 프리미엄 제품 출시			■ 현지 R&D 투자를 바탕으로 중국향(向) 제품 출시 및 시장 선도력 강화 ■ 로컬업체 M&A 또는 JV를 통한 제품 라인업 다양화 ■ 제품 브랜드 이미지 제고				
가격	■ 글로벌 제품과 로컬 제품의 중간 수준으로 포지셔닝 ■ 일부 제품 위주로 시장 진입을 위한 특별적인 가격 제공		■ 글로벌 제품 수준에 근접한 가격 정책 ■ 다양한 가격대 제품 출시 (프리미엄, 중고가, 보급형)			■ 글로벌 제품 수준의 가격 정책 ■ 경쟁사 가격 전략에 대한 즉시 대응 ■ OEM 또는 JV를 통한 다양한 보급형 (중저가) 제품 기획 출시				
유통/판매	■ 초기 시장 진입을 위한 현지 대리상 개발 ■ 대리상 양성 및 파트너십 강화		■ 대리상의 고객별/지역별 커버리지 확대 ■ MDF 정책을 통한 다양한 판매 활동 추진 ■ 현장 판매 관리 강화			■ 등급별 대리상 관리 시스템 구축 ■ 20~30개 규모의 핵심 대리상 양성 및 선택적 집중 지원 ■ 판매 현장 관리 시스템 구축				

〈그림 20-2〉 마케팅 4P 의 단계별 실행 과제

차이나 마케팅 전략 2020 마스터 플랜

마케팅 전략 수립: 실행 과제

Year		2011 하반기	2012	2013	2014	2015	2016	2017	2018	2019	2020
단계		준비	진입	진입	이륙	이륙	성장	성장	성장	성장	성장
중국 시장 규모	A제품	$153.6	$199.6	$259.5	$332.2	$423.6	$512.6	$620.2	$750.4	$908.0	$1,098.7
	B제품	$12.5	$18.7	$27.5	$40.4	$59.4	$77.8	$101.9	$133.5	$174.9	$229.2
	합계	$166.0	$218.3	$287.0	$372.5	$483.0	$590.4	$722.1	$884.0	$1,083.0	$1,327.9
시장 점유율	A제품	-	0.8%	1.5%	2.7%	4.1%	5.7%	7.5%	9.3%	10.8%	12.5%
	B제품	-	3.2%	5.0%	9.0%	13.5%	17.5%	21.4%	24.5%	26.2%	28.0%
	합계	-	1.0%	1.8%	3.4%	5.2%	7.2%	9.5%	11.6%	13.3%	15.2%
예상 매출	A제품	-	$1.5	$3.9	$9.0	$17.2	$29.2	$46.7	$70.0	$98.0	$137.2
	B제품	-	$0.6	$1.4	$3.6	$8.0	$13.6	$21.8	$32.7	$45.8	$64.1
	합계	-	$2.1	$5.3	$12.6	$25.2	$42.8	$68.5	$102.7	$143.8	$201.3
성장 목표		매출 210만 달러		M/S 5%, 매출 2,500만 달러			M/S 15%, 매출 2억 달러, 시장 선두권 진입				
조직/인력		▪ 현지 사무소 설립 ▪ 3~5명(파견 1명)		▪ 지역거점 구축(3대 도시) ▪ 20~100명(파견 2~5명)			▪ R&D 센터 설립, 현지 완결체제 구축 ▪ 160~500명(파견 6~10명), 영업:기술=3:2				
제품가격		▪ 제품 현지와 작업 ▪ 글로벌+로컬 중간 위치		▪ 라인업 확대 및 제품 차별화 ▪ 프리미엄, 중고가, 보급형			▪ 종국향(向)제품 출시 시 시장 선도력 강화 ▪ 브랜드 이미지 강화+글로벌 수준의 가격 정책				
유통판매		▪ 초기 시장 진입을 위한 현지 대리상 개발		▪ 대리상 커버리지 확대 ▪ 현장 판매 관리 강화			▪ 대리상 관리 시스템 구축(핵심 대리상 양성) ▪ 판매 현장 관리 시스템 구축				

〈그림 20-3〉 차이나 마케팅 전략의 마스터 플랜

파트너 평가 기준

마케팅 전략 수립: 영업 채널 개발

기업 안정성, 관련 산업 역량, 마케팅 역량 등의 평가 기준에 따라 중국 비즈니스 개발을 위한 현지 영업 파트너를 선정함

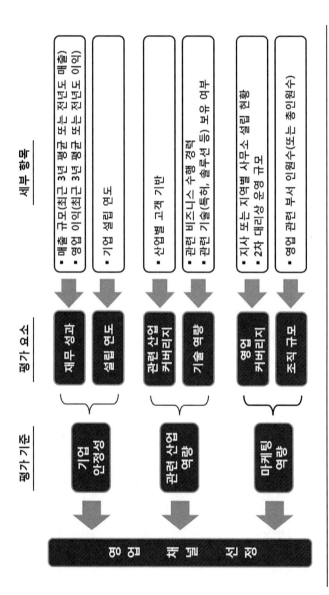

〈그림 21-1〉 현지 영업 파트너 선정을 위한 평가 기준

1차 후보 기업 리스트

마케팅 전략 수립: 영업 채널 개발

영업 채널 파트너 후보 기업 평가(11-20)

평가 기준	기업 안정성 (40%)			관련 산업 역량 (30%)		마케팅 역량 (30%)		총점
평가 항목	매출	이익	설립 연도	산업 커버리지	기술 역량	영업 커버리지	조직 규모	
가중치	15%	15%	10%	15%	15%	15%	15%	
朗新 LongShine	7	9	10	8	8	10	8	8.50
高阳金信 HiSunJinxin	9	8	10	7	8	9	8	8.35
方达 Wonders	7	8	10	8	10	8	8	8.35
中企动力 ChinaEnterprise	8	6	10	8	6	10	10	8.20
方正奥德 FangZhengOuDe	8	6	10	9	10	6	8	8.05
中科软 ChinaSoft	8	6	10	8	10	6	9	8.05
鼎天 DingTian	7	8	9	8	10	6	7	7.80
中兴教创 ZhongXing	7	9	9	7	8	6	8	7.65
宇信易诚 YuCheng	6	6	8	7	8	9	9	7.55
阳光雨露 Sunny	6	6	9	7	6	6	9	6.90

<그림 21-2> 1차 후보 기업 리스트(11~20위)

1차 후보기업 프로파일

마케팅 전략 수립: 영업 채널 개발

1차 선정 기업 프로파일(11-20)

회사명	매출액(백만 달러)			영업 이익			설립 연도	고객 기반	기술 역량	영업 커버리지	조직 규모
	08	09	10	08	09	10					
朗新 LongShine	51.1	60.9	63.7	18%	18%	15%	1996	통신, 전력	통신분야 솔루션	전국	660
高阳金信 HiSunJinxin	63.7	86	99.1	13%	11%	10%	2000	금융 산업	금융분야 솔루션	베이징/상하이/선전/홍콩	420
万达 Wonders	28.9	44.3	62	11%	16%	12%	1995	정부, 공공	종합 서비스	상하이/베이징/화동 지역	830
中金动力 ChinaEnterprise	31.7	72.2	87.2	2%	1%	1%	1999	중소기업 전문	아웃소싱	전국	6200
方正舆德 FangZhengOuDe	58.3	83.8	90.4	1%	1%	2%	1999	통신, 정부, 금융	종합 서비스	베이징	580
中科软 ChinaSoft	41.3	58	81.5	3%	4%	4%	1996	정부, 금융	종합 서비스	베이징	1240
鼎天 DingTian	49.6	51.6	63.1	10%	15%	14%	2002	정부, 전력	종합 서비스	베이징	285
中兴教创 ZhongXing	21.3	39.8	65	15%	24%	16%	2003	통신 산업	통신분야 솔루션	난징	635
宇信易诚 YuCheng			67.6			10%	2006	금융 산업	금융분야 솔루션	베이징/상하이/항저우/샤먼/청두	1150
阳光雨露 Sunny	19.7	24	27.8	1%	1%	1%	2002	제조업	아웃소싱	베이징	1230

<그림 21-3> 1차 선정된 후보 기업의 프로파일

영업 채널 파트너 개발 프로세스

마케팅 전략 수립: 영업 채널 개발

영업 채널 파트너 개발 7단계 프로세스

단계	수행 과제	결과물	참여 대상	소요 기간
1	영업 파트너 평가 기준을 통해 리스트를 작성함	1차 파트너 후보 리스트	컨설팅 기관	1~2개월
2	방문 또는 전화를 통해 협력 의사를 확인함	2차 파트너 후보 리스트	컨설팅 기관	4~5주
3	회사 소개서 및 제품 소개서와 함께 협력 의향 문서를 전달함	회사 소개서 및 제품 소개서 협력 의향 설문지	컨설팅 기관	1~2주
4	업체별 회신을 검토한 후, 구체적인 협력 방식 및 시기 논의	최종 후보 업체 리스트 (2~5개)	컨설팅 기관 자사	2~3주
5	경영층 및 실무자 간의 공식 미팅 진행	사업 계획서 및 발표 자료	자사 컨설팅 기관	2~3주
6	영업 정책 및 파트너십 세부사항 협의	영업 정책 자료	자사	1~2주
7	공식적인 파트너십 체결	계약서	자사 컨설팅 기관	2~3주

<그림 21-4> 영업 채널 파트너 개발 7 단계 프로세스

맺음말

'차이나 비즈토리(biz+story)' 라는 타이틀로 블로그를 개설하여 운영한 지가 이제 6개월이 지났습니다. 짧은 기간이지만 그동안 올린 글에 대한 네티즌들의 성원과 격려에 힘입어 일부 내용을 책으로 만들게 되었습니다.

'책' 이라는 매개체를 통해 독자들은 보다 편리하게 필요한 내용을 펼쳐 볼 수 있을 것이고, 본문 내용의 에센스(essence)라 할 수 있는 프로젝트 사례의 이미지를 훨씬 선명하게 볼 수 있을 것이라 생각됩니다.

'차이나 비즈토리' (http://lingnanseok.blog.me)에서는 이외에도 중국 비즈니스와 관련하여 국내외 연구기관 및 미디어의 통찰력 있는 분석과 중국 진출 기업 사례, 중국 비즈니스 노하우 등을 접할 수 있습니다.